Kraften i ett positivt tänkesätt
Förvandla ditt liv inifrån

Författare: **Lucas Martin**
Utgiven av: **At Triangle K.K.**

GW01402894

Första upplagan: November 2024
Publiceringsort: **Chiba, Japan**

Förord

Välkommen till en resa som kan förändra ditt liv inifrån. I vår alltmer hektiska och stressiga värld är det lätt att fastna i negativa tankemönster och tappa kontakten med vårt sanna jag. Men det finns en kraft inom oss alla som kan hjälpa oss att bryta oss loss från dessa begränsningar: kraften i ett positivt tänkesätt.

Den här boken är skriven för dig som söker en djupare förståelse av hur ditt sinne fungerar och hur du kan använda denna kunskap för att skapa ett mer meningsfullt, balanserat och tillfredsställande liv. Den är baserad på principer från positiv psykologi, modern forskning och tidlös visdom som fungerar som en vägledning för att stärka din mentala hälsa och utveckla en hållbar positiv livsstil.

Jag har valt att inkludera praktiska verktyg och övningar som är lätta att tillämpa i vardagen, eftersom jag tror att verklig förändring sker genom handling. Den här boken är inte bara en text att läsa – den är en manual för att leva.

För svenska läsare har jag anpassat bokens innehåll för att spegla de värderingar och den livsstil som är viktiga här i Sverige: balans mellan arbete och fritid, vikten av självreflektion och en stark koppling till omvärlden. Mitt mål är att denna bok ska kännas relevant och användbar för dig, oavsett var du befinner dig i livet eller vilka utmaningar du står inför.

Jag hoppas att denna bok inte bara inspirerar dig att omfamna ett positivt tänkesätt utan också ger dig modet att ta små steg mot stora förändringar. Ditt liv är din berättelse – och du har kraften att skriva om dess kapitel.

Med värme och hopp,
Lucas Martin

Innehållsförteckning

Introduktion

1. Vad är kraften i ett positivt tänkesätt?

När du hör orden "positivt tänkesätt", vad tänker du på? Kanske ser du framför dig någon som alltid är glad, som ler oavsett vad som händer, eller någon som verkar oberörd av livets svårigheter. Men ett positivt tänkesätt handlar inte om att ständigt vara glad eller att förneka verklighetens utmaningar. Det handlar snarare om en kraftfull förmåga att forma ditt perspektiv, styra dina tankar och påverka din omgivning på ett sätt som leder till tillväxt, mening och välbefinnande.

Ett positivt tänkesätt är inte en färdig medfödd egenskap som bara vissa människor har turen att födas med. Det är snarare som en muskel som alla kan träna och utveckla, oavsett var man befinner sig i livet. Genom att förändra hur vi tänker kan vi förändra hur vi ser på världen – och i förlängningen förändra hur världen ser på oss. Det är som att justera linsen på en kamera; genom att finjustera inställningarna kan vi se samma scen på ett helt nytt sätt, ett sätt som lyfter fram möjligheter istället för hinder.

Forskning inom positiv psykologi har visat att våra tankar har en direkt påverkan på våra känslor, våra handlingar och till och med vår fysiska hälsa. När vi fokuserar på det positiva aktiveras specifika områden i hjärnan som är kopplade till lycka och resiliens. Det betyder inte att vi ska ignorera problem eller låtsas som om allt är perfekt. Tvärtom, ett genuint positivt tänkesätt innebär att vi kan möta våra svårigheter med ett inre lugn och en stark övertygelse om att vi har förmågan att hitta lösningar och växa genom våra erfarenheter.

Ett av de mest inspirerande exemplen på kraften i ett positivt tänkesätt är berättelsen om Thomas Edison. När hans laboratorium förstördes i en förödande brand, en katastrof som kunde ha knäckt vem som helst, valde han att se händelsen på ett annat sätt. Istället för att sörja förlusten sa han: "Nu har vi en chans att börja om och bygga allt ännu bättre." Detta är kärnan i ett positivt tänkesätt – förmågan att vända motgångar till möjligheter, att se ljuset även i mörkret och att fortsätta framåt med ett öppet hjärta och sinne.

Men varför är det så svårt för många av oss att tänka positivt? Svaret ligger ofta i hur vår hjärna är programmerad. Vi människor har en naturlig tendens att fokusera på negativa erfarenheter – en överlevnadsinstinkt som hjälpte våra förfäder att undvika faror. Men i dagens moderna värld kan detta fokus på det negativa ofta leda till onödig stress, oro och självtvivel. Den goda nyheten är att vi kan omprogrammera vår hjärna. Genom medveten övning kan vi lära oss att bryta de negativa tankemönstren och ersätta dem med positiva, stärkande tankar.

Ett positivt tänkesätt handlar inte heller bara om dig själv. Det är en kraft som kan sprida sig till andra. Har du någonsin varit i närheten av någon som utstrålar optimism och hopp? Deras energi är smittsam. När du väljer att fokusera på det positiva, inspirerar du också andra att göra detsamma. Ditt sätt att tänka kan bli en katalysator för förändring i dina relationer, på din arbetsplats och i samhället omkring dig. Det är som att kasta en sten i en stilla sjö – de små ringarna sprider sig långt bortom vad du först kunde ana.

För många innebär tanken på att förändra sitt tänkesätt en enorm utmaning. "Men jag är inte en sådan person," kanske du tänker. "Mitt liv är för komplicerat, mina problem är för stora." Men sanningen är att ett positivt tänkesätt inte handlar om att ignorera svårigheter eller försöka vara någon annan. Det handlar om att vara dig själv, men att närma dig livet med nyfikenhet och vilja att lära. Det handlar om att våga tro att du har mer kraft inom dig än du kanske inser.

I den här boken kommer du att få upptäcka hur du kan odla denna kraft i ditt eget liv. Genom konkreta exempel, praktiska övningar och insikter från forskning kommer vi att utforska hur ett positivt tänkesätt kan hjälpa dig att navigera genom livets upp- och nedgångar. Du kommer att lära dig hur dina tankar formar din verklighet, hur du kan bryta negativa mönster och hur du kan skapa en stark grund för långvarig positivitet.

Ett positivt tänkesätt är inte en magisk lösning som gör alla dina problem att försvinna. Men det är en nyckel som kan låsa upp dörrar till möjligheter du aldrig trodde fanns. Det är ett verktyg som hjälper dig att hitta mening även i de svåraste stunderna, att se varje dag som en ny chans att växa och att närma dig livet med öppna armar.

Så, vad väntar du på? Det första steget mot ett liv fyllt av möjligheter är att tro på kraften i dina egna tankar. Du har redan tagit det första steget genom att öppna den här boken. Nu är det dags att fortsätta resan och upptäcka allt som är möjligt när du omfamnar kraften i ett positivt tänkesätt.

2.Vetenskapen bakom positivt tänkande

Vad om jag sa att dina tankar inte bara påverkar hur du känner dig, utan även hur din kropp fungerar och hur du uppfattar världen runt dig? Positivt tänkande är inte bara en filosofisk idé eller en populär självhjälpstrend – det har sina rötter i vetenskapen, och forskningen fortsätter att avslöja fascinerande insikter om hur våra tankar formar våra liv.

I grunden handlar positivt tänkande om att styra ditt mentala fokus. Din hjärna är en otroligt kraftfull maskin, men den är också selektiv. Den bearbetar mängder av information varje sekund, men för att inte bli överväldigad väljer den vad den ska uppmärksamma. Detta kallas för "selektiv uppmärksamhet", och det är här positivt tänkande spelar in. När du tränar dig själv att se det positiva i en situation, programmerar du bokstavligen om din hjärna att lägga märke till möjligheter, lösningar och ljuspunkter istället för problem och hinder.

Ett av de mest spännande områdena inom neurovetenskap är begreppet neuroplasticitet – hjärnans förmåga att förändras och anpassa sig genom erfarenheter. Tidigare trodde forskare att hjärnan var statisk, men nu vet vi att den är mycket formbar. När du övar på att tänka positivt bildas nya nervbanor, och ju mer du använder dessa banor, desto starkare blir de. Det är som att trampa upp en stig i en skog. Ju fler gånger du går samma väg, desto tydligare och lättare blir stigen att följa. På samma sätt kan du skapa och förstärka positiva tankemönster genom att aktivt välja optimism.

Men positivt tänkande påverkar inte bara ditt sinne – det har också konkreta effekter på din kropp. Enligt studier från positiv psykologi och medicinsk forskning kan optimistiska tankar minska nivåerna av stresshormoner som kortisol i kroppen. När du är mindre stressad förbättras din immunfunktion, vilket gör dig mindre mottaglig för sjukdomar. Dessutom har forskare upptäckt att personer med en optimistisk inställning tenderar att leva längre och ha en bättre allmän hälsa. Detta är inte magi, utan en kombination av biologiska och psykologiska processer som arbetar tillsammans.

En annan viktig aspekt av vetenskapen bakom positivt tänkande är hur det påverkar dina relationer och sociala interaktioner. Studier har visat att människor med ett positivt tankesätt är mer benägna att bygga starka och stödjande relationer. Detta beror delvis på att de är bättre på att hantera konflikter och visa empati, men också för att de tenderar att attrahera likasinnade människor. Positivitet är smittsamt – när du strålar av optimism, påverkar du också de runt omkring dig på ett positivt sätt.

En av de mest kända teorierna inom detta område är Barbara Fredricksons "broaden-and-build"-teori. Hon föreslår att positiva känslor, såsom glädje, tacksamhet och hopp, vidgar vårt perspektiv och hjälper oss att se fler möjligheter. När vi är glada och optimistiska blir vi mer kreativa, öppna för nya idéer och bättre på att lösa problem. Detta står i kontrast till negativa känslor som rädsla eller ilska, som ofta snävar in vårt fokus och gör oss mindre flexibla i vårt tänkande. Positiva känslor fungerar som en spiral – ju mer vi upplever dem, desto fler resurser bygger vi upp för att hantera framtida utmaningar.

Det är också viktigt att förstå att positivt tänkande inte är detsamma som att ignorera problem eller låtsas som att livet är perfekt. Tvärtom är det ett sätt att möta verkligheten på ett konstruktivt sätt. Positivt tänkande innebär att erkänna utmaningar och svårigheter, men att samtidigt tro på din förmåga att hantera dem. Det är denna balans mellan realism och optimism som gör det så kraftfullt.

Ett annat fascinerande område inom forskningen är visualisering och dess koppling till positivt tänkande. När du föreställer dig själv lyckas med något, aktiveras samma delar av hjärnan som om du faktiskt utförde handlingen. Det betyder att din hjärna inte gör någon tydlig skillnad mellan fantasi och verklighet – den tränar sig själv för att uppnå det du visualiserar. Idrottare har använt denna teknik i decennier för att förbättra sina prestationer, men samma princip kan tillämpas på alla områden i livet. Genom att visualisera positiva resultat tränar du din hjärna att agera i linje med dessa mål.

Så hur kan du använda denna vetenskap i ditt eget liv? Det första steget är medvetenhet. Börja med att observera dina tankar utan att döma dem. Lägg märke till när negativa mönster dyker upp, och försök att vända dem genom att ställa frågor som: "Vad kan jag lära mig av detta?" eller "Finns det ett sätt att se detta från en annan vinkel?" Det kan kännas ovant i början, men precis som med all träning blir det lättare med tiden.

En annan strategi är att omge dig med positivitet. Detta betyder inte att du ska undvika människor eller situationer som är utmanande, men att du aktivt söker upp inspiration och stöd. Lyssna på musik som lyfter dig, läs böcker som motiverar dig och tillbringa tid med människor som uppmuntrar dig att vara ditt bästa jag.

Slutligen, kom ihåg att positivt tänkande inte är en linjär process. Det är normalt att ha dagar då det känns svårt att hitta något positivt. Men precis som en solig dag alltid följs av moln och regn, är livet fyllt av kontraster. Det är i de mörkare stunderna som ditt positiva tänkesätt verkligen kommer till sin rätt. Det ger dig styrkan att fortsätta framåt, att hålla fast vid hoppet och att se regnbågen bakom molnen.

Vetenskapen visar att kraften i ett positivt tänkesätt är verklig och tillgänglig för oss alla. Det är en inbjudan till att leva med mer glädje, mer kreativitet och mer mening. Och det bästa av allt? Du kan börja redan idag. Din hjärna är redo – frågan är, är du?

11

3. Hur denna bok kan förändra ditt liv

Vad innebär det egentligen att förändra sitt liv? Många av oss drömmer om en mer meningsfull, balanserad och lycklig tillvaro, men att ta steget från dröm till verklighet kan kännas överväldigande. Denna bok är skapad för att vara din guide på den resan – en vägledning som hjälper dig att inte bara föreställa dig ett bättre liv, utan också att börja skapa det steg för steg.

Det första som denna bok kan ge dig är insikten om att verklig förändring börjar inifrån. Ofta söker vi yttre lösningar på våra problem – ett nytt jobb, en ny plats att bo på, eller kanske en förändrad relation. Men sanningen är att inget av detta kan skapa varaktig förändring om vi inte först ändrar vårt sätt att tänka och se på världen. Denna bok kommer att visa dig hur du kan börja omprogrammera ditt sinne för att bli mer medveten om dina tankar, dina vanor och hur de påverkar din verklighet. Genom att identifiera dessa mönster kan du börja göra små, men kraftfulla justeringar som leder till stora resultat över tid.

Ett annat sätt som denna bok kan förändra ditt liv är genom att hjälpa dig att se möjligheter där du tidigare bara såg hinder. Många av oss har fastnat i tankemönster som begränsar oss – kanske har vi fått höra att vi inte är "tillräckligt bra" eller att vissa drömmar är "orealistiska". Genom att läsa denna bok kommer du att lära dig att ifrågasätta dessa begränsningar och börja skapa en ny berättelse om vad som är möjligt för dig. Du kommer att upptäcka att det inte är världen som håller dig tillbaka, utan snarare de övertygelser du har om världen och om dig själv.

Praktiska verktyg är en annan viktig del av denna bok. Det är lätt att läsa inspirerande ord och känna sig motiverad för stunden, men utan konkreta strategier är det svårt att omsätta dessa känslor i handling. Därför har jag inkluderat specifika övningar och tekniker som är designade för att hjälpa dig att integrera positivt tänkande i ditt dagliga liv. Dessa verktyg är enkla att använda, men kraftfulla nog att göra skillnad. Till exempel kommer du att lära dig hur du kan hantera stress genom medveten andning, hur du kan odla tacksamhet genom dagliga reflektioner och hur du kan använda visualisering för att skapa en tydlig bild av dina mål.

En av de mest transformerande aspekterna av denna bok är att den inte bara fokuserar på vad du kan uppnå, utan också på vem du kan bli. Många självhjälpsböcker handlar om framgång i yttre termer – mer pengar, en bättre karriär, ett drömhus. Men denna bok handlar lika mycket om inre framgång – att känna frid, glädje och syfte i det liv du redan har, samtidigt som du strävar efter att förbättra det. Den hjälper dig att förstå att förändring inte handlar om att bli en helt ny person, utan om att upptäcka och stärka den bästa versionen av dig själv.

Du kanske undrar hur en bok kan ha en så stor inverkan på ditt liv. Svaret ligger inte bara i innehållet, utan också i ditt engagemang. Denna bok är inte en snabb lösning eller ett löfte om omedelbar förändring. Den är snarare en inbjudan till en process, en resa där du gradvis skapar nya vanor, nya tankar och nya perspektiv. Ju mer du engagerar dig i övningarna och reflektionerna som presenteras här, desto mer kommer du att upptäcka att små förändringar leder till stora resultat.

En annan viktig del av denna bok är att den inte försöker tvinga på dig en enda väg till lycka och framgång. Istället erbjuder den en rad olika strategier och idéer, så att du kan välja de som passar bäst för just dig och ditt liv. Alla har vi olika mål, utmaningar och styrkor, och denna bok är designad för att respektera dessa olikheter. Oavsett om du vill förbättra din mentala hälsa, stärka dina relationer eller bara känna dig mer tillfredsställd med livet, finns det något här för dig.

Men den kanske största gåvan som denna bok kan ge dig är hopp. Hopp om att det är möjligt att förändra ditt liv, även om det känns svårt just nu. Hopp om att dina misstag och svårigheter inte definierar dig, utan att de istället kan bli en källa till lärande och styrka. Hopp om att du har kraften att forma din egen framtid, oavsett var du börjar ifrån.

När du läser denna bok kommer du inte bara att få insikter och verktyg, utan också känslan av att du inte är ensam. Alla vi som kämpar för att bli bättre versioner av oss själva är på samma resa, och genom dessa sidor hoppas jag att du kommer att känna dig som en del av något större – en gemenskap av människor som strävar efter att leva sina liv fullt ut.

Så hur kan denna bok förändra ditt liv? Den kan ge dig modet att ta det första steget mot dina drömmar. Den kan hjälpa dig att se dig själv och världen med nya ögon. Och kanske viktigast av allt, den kan hjälpa dig att inse att du redan har allt du behöver inom dig för att skapa det liv du vill ha. Denna bok är bara verktyget – resten är upp till dig. Är du redo att börja?

Kapitel 1: Grunderna i positivt tänkande

1.Hur våra tankar formar vår verklighet

Har du någonsin funderat över hur dina tankar påverkar ditt liv? För många är tankar något som bara sker i bakgrunden, en konstant ström av inre dialog som vi sällan reflekterar över. Men vad om jag sa att dessa tankar är mycket mer än bara ord i ditt huvud? De är byggstenarna för din verklighet, och de formar inte bara hur du ser världen, utan också hur världen ser dig.

Låt oss börja med att förstå hur våra tankar fungerar. Din hjärna är som en avancerad maskin som bearbetar information, skapar samband och formar slutsatser. Men den gör inte detta objektivt. Istället filtrerar den allt genom dina tidigare erfarenheter, övertygelser och känslor. Till exempel, om du vaknar på morgonen och tänker "Den här dagen kommer att bli hemsk", så börjar din hjärna omedelbart leta efter bevis för att bekräfta den tanken. Kanske märker du först att det regnar, att kaffet är kallt, eller att trafiken är extra långsam. Du ignorerar helt de positiva aspekterna – som att du har en vänlig kollega som väntar på dig eller att du hade en lugn stund för dig själv innan jobbet – eftersom din hjärna är inställd på att bekräfta din negativa förväntning.

Det här fenomenet kallas för "kognitiv bias", och det är ett exempel på hur våra tankar formar vår verklighet. Men det fungerar även åt andra hållet. Om du istället vaknar och tänker "Den här dagen kan bli fantastisk", kommer din hjärna att leta efter bevis för att stödja den idén. Du kanske märker att fåglarna sjunger, att solen tittar fram bakom molnen, eller att din favoritlåt spelas på radion. Samma verklighet – men olika tankemönster skapar helt olika upplevelser.

Det är lätt att tro att världen omkring oss är fast och objektiv, men sanningen är att vi alla ser världen genom våra egna unika linser. Våra tankar är dessa linser, och de avgör hur vi tolkar allt som händer. Om du bär en lins av rädsla och osäkerhet, kommer du att tolka nya situationer som hotfulla eller riskabla. Om du istället bär en lins av nyfikenhet och självförtroende, kommer samma situationer att framstå som möjligheter till lärande och tillväxt.

Ett kraftfullt exempel på detta är hur människor hanterar motgångar. Föreställ dig två personer som båda förlorar sina jobb. Den ena personen tänker: "Det här är slutet. Jag kommer aldrig att hitta ett nytt jobb, och mitt liv kommer bara att bli värre." Den andra personen tänker: "Det här är svårt, men det är också en chans att hitta något som passar mig bättre." Deras tankar påverkar inte bara hur de känner sig i stunden, utan också vilka handlingar de tar. Den första personen kanske isolerar sig, undviker att söka nya jobb och fastnar i en cykel av hopplöshet. Den andra personen börjar uppdatera sitt CV, nätverka och leta efter nya möjligheter. Samma utgångspunkt, men helt olika vägar – och allt börjar med deras tankar.

Men varför är våra tankar så mäktiga? Svaret ligger i kopplingen mellan våra tankar, känslor och handlingar. När du tänker en viss tanke, skapar det en känslomässig respons i din kropp. Till exempel, om du tänker "Jag är inte tillräckligt bra", kanske du känner dig ledsen, ångestfylld eller oinspirerad. Dessa känslor påverkar i sin tur dina handlingar – du kanske undviker att ta risker eller försöker gömma dig för världen. Å andra sidan, om du tänker "Jag har vad som krävs", känner du dig kanske självsäker och motiverad, vilket leder till att du tar initiativ och strävar mot dina mål. Detta skapar en positiv spiral där dina tankar driver positiva känslor och handlingar, som i sin tur förstärker dina tankar.

En viktig insikt är att du har kontroll över dina tankar. Det kanske inte alltid känns så – ibland verkar de komma från ingenstans, som ett plötsligt oväder. Men precis som du kan välja vad du ska fokusera på i en konversation eller vad du ska se på TV, kan du också välja vilka tankar du vill ge uppmärksamhet åt. Det kräver övning och medvetenhet, men det är möjligt.

En kraftfull teknik för att förändra dina tankemönster är att börja ifrågasätta dina negativa tankar. När du till exempel tänker "Jag kommer att misslyckas", stanna upp och fråga dig själv: "Är detta verkligen sant? Finns det bevis för att jag kan lyckas istället?" Genom att utmana dina negativa tankar börjar du bryta de automatiska mönstren och öppnar upp för nya, mer positiva sätt att tänka.

Det är också hjälpsamt att odla en vana av tacksamhet. När du aktivt letar efter saker att vara tacksam för, omprogrammerar du din hjärna att se det goda i livet. Det kan vara så enkelt som att skriva ner tre saker varje dag som du är tacksam för – stora eller små. Denna övning tränar din hjärna att fokusera på det positiva, och med tiden blir det en naturlig del av ditt sätt att tänka.

Det är viktigt att förstå att positivt tänkande inte handlar om att förneka negativa känslor eller låtsas som om allt är perfekt. Livet är fullt av utmaningar och svåra stunder, och det är en del av att vara människa. Men genom att medvetet välja vilka tankar vi matar, kan vi forma vår upplevelse av dessa stunder och använda dem som möjligheter till tillväxt istället för att låta dem dra oss ner.

Så nästa gång du märker en negativ tanke, stanna upp och påminn dig själv: "Denna tanke är inte min verklighet – den är bara en lins." Och sedan, medvetet och med nyfikenhet, välj en ny tanke som hjälper dig att se världen i ett ljusare perspektiv. Det är början på att forma en verklighet som inte bara speglar dina drömmar, utan också stärker din tro på att de är möjliga att uppnå.

15

2.Skillnaden mellan positivt tänkande och blind optimism

När man talar om positivt tänkande är det lätt att förväxla det med blind optimism. Det är en vanlig missuppfattning som kan leda till frustration och misslyckanden, särskilt när förväntningarna på livet inte möter verkligheten. Men positivt tänkande och blind optimism är inte samma sak, och att förstå skillnaden mellan dem är avgörande för att kunna använda kraften i positivt tänkande på ett konstruktivt och realistiskt sätt.

Blind optimism kan beskrivas som en överdrivet hoppfull attityd som ignorerar fakta och verklighetens begränsningar. Det är att tro att allt kommer att lösa sig, oavsett omständigheter, utan att ta hänsyn till de utmaningar och hinder som kan finnas på vägen. En blind optimist kanske möter en svår situation och tänker: "Det löser sig nog av sig själv," utan att ta ansvar eller planera för att hantera situationen. Det är en form av förnekelse som kan leda till att man undviker att ta itu med problem eller att man förväntar sig att saker ska förändras utan någon egen ansträngning.

Positivt tänkande, å andra sidan, är mycket mer nyanserat och realistiskt. Det handlar inte om att ignorera problem eller låtsas som att livet alltid är perfekt. Det handlar istället om att erkänna verkligheten – med dess utmaningar och svårigheter – men att samtidigt välja att fokusera på lösningar, möjligheter och lärdomar. En person som praktiserar positivt tänkande ser en svår situation och tänker: "Det här är inte lätt, men jag har resurser och styrkor att hantera det. Vad kan jag göra för att förbättra situationen?" Det är en inställning som kombinerar hopp med ansvar och handling.

Ett tydligt exempel på skillnaden kan vara att tänka på ett berg som ska bestigas. En blind optimist ser berget och säger: "Det här blir enkelt, jag behöver inte ens förbereda mig," och börjar klättra utan rätt utrustning eller kunskap. Följden blir att de snabbt stöter på svårigheter som de inte är förberedda för och kanske till och med ger upp. En person med ett positivt tänkande ser samma berg och säger: "Det här kommer att bli en utmaning, men jag kan ta mig an det om jag förbereder mig ordentligt. Jag ska packa rätt utrustning, planera min rutt och ta ett steg i taget." De erkänner att det kommer att krävas ansträngning, men de har också tron på att det är möjligt att nå toppen.

En annan viktig skillnad mellan positivt tänkande och blind optimism ligger i hur man hanterar motgångar. En blind optimist tenderar att bli överväldigad eller förneka verkligheten när saker inte går som planerat. De kan säga saker som: "Det här borde inte hända mig," eller "Det är nog någon annans fel." Deras inställning gör det svårt att dra lärdomar från erfarenheterna eller att hitta kreativa lösningar. Positivt tänkande innebär däremot att man accepterar att motgångar är en naturlig del av livet och att man kan använda dem som möjligheter till tillväxt. En person med ett positivt tänkande kanske säger: "Det här var inte vad jag hade hoppats på, men vad kan jag lära mig av det? Hur kan jag använda denna erfarenhet för att bli starkare eller klokare?"

En annan aspekt av skillnaden är hur dessa attityder påverkar relationer. Blind optimism kan ibland framstå som naivt eller orealistiskt för andra människor. Om du till exempel ignorerar någon annans problem och säger saker som: "Du behöver bara tänka positivt, så löser det sig!" kan det uppfattas som avfärdande eller oempatiskt. Det kan skapa en känsla av att du inte tar deras känslor eller situation på allvar. Positivt tänkande, däremot, gör det möjligt att visa empati och stöd samtidigt som du uppmuntrar till handling. Istället för att säga: "Det löser sig," kanske du säger: "Jag förstår att det här är svårt, men jag tror på dig. Hur kan vi tillsammans hitta en väg framåt?"

Forskning inom positiv psykologi har också visat att positivt tänkande inte bara är en mental attityd utan också en praktisk strategi. Genom att fokusera på lösningar och möjligheter istället för att fastna i problem kan vi utveckla resiliens – förmågan att återhämta oss från svårigheter. Detta är något som blind optimism inte erbjuder, eftersom den inte förbereder oss på att möta livets verkliga utmaningar. Resiliens är en av de viktigaste egenskaperna för långsiktig framgång och lycka, och den bygger på en balans mellan realism och optimism.

Det är också värt att notera att positivt tänkande inte handlar om att alltid vara positiv. Det är helt naturligt och mänskligt att känna sig nedstämd, frustrerad eller rädd ibland. Positivt tänkande innebär inte att förneka dessa känslor, utan att erkänna dem och sedan välja hur vi ska agera. Det handlar om att säga: "Jag känner mig orolig just nu, men vad kan jag göra för att ta ett litet steg framåt?" Det är en process som kräver medvetenhet och övning, men som kan leda till djupa förändringar i hur vi upplever och hanterar livet.

Så hur kan du börja skilja mellan positivt tänkande och blind optimism i ditt eget liv? Det första steget är att vara ärlig mot dig själv. När du möter en svår situation, fråga dig själv: "Tar jag ansvar för det jag kan påverka, eller hoppas jag bara att det ska lösa sig av sig självt?" Om svaret lutar åt det senare, försök att omformulera dina tankar och fokusera på konkreta handlingar som kan föra dig framåt.

Genom att förstå skillnaden mellan positivt tänkande och blind optimism kan du börja använda den sanna kraften i positivitet – en kraft som inte bara ger hopp, utan också driver verklig förändring. Det handlar om att möta världen med öppna ögon och ett öppet hjärta, redo att acceptera både dess skönhet och dess utmaningar, och att tro på din förmåga att skapa en bättre framtid, ett steg i taget.

3. Vardagliga exempel på positivt tänkande

Att prata om positivt tänkande i teorin kan ibland kännas abstrakt eller svårt att relatera till. Men sanningen är att positivt tänkande inte behöver vara något stort eller dramatiskt. Det är ofta i de små, vardagliga ögonblicken som vi har störst möjlighet att påverka vårt sätt att tänka och hur vi upplever livet. Låt oss utforska några konkreta exempel på hur positivt tänkande kan se ut i vardagen och hur det kan förändra både små och stora situationer.

Tänk dig att du vaknar upp en måndagsmorgon, och regnet öser ner utanför fönstret. För många är detta början på en grå och tröttsam dag. Det är lätt att låta tankarna ta en negativ riktning: "Typiskt, en till deprimerande dag. Det här regnet förstör allt." Men vad händer om du istället väljer att se regnet som en möjlighet? Du kanske tänker: "Regnet ger naturen liv, och det kan faktiskt vara mysigt att lyssna på medan jag dricker mitt kaffe." Med en sådan tanke skapar du en mjukare och mer positiv start på dagen, vilket kan påverka hur du känner dig resten av dagen.

Ett annat vanligt exempel är när något oväntat händer som stör din planering. Kanske har du bestämt dig för att gå till gymmet efter jobbet, men din chef ber dig att stanna kvar längre för att avsluta ett projekt. Det är lätt att bli irriterad eller frustrerad: "Nu har jag missat min träning igen, varför måste det alltid bli så här?" Men med ett positivt tänkande kan du omformulera situationen. Kanske tänker du: "Jag får en chans att visa vad jag kan på jobbet, och jag kan planera om min träning till imorgon." På så sätt förvandlar du en potentiellt negativ upplevelse till en möjlighet att visa din flexibilitet och hitta lösningar.

Relationer är också ett område där positivt tänkande kan göra en enorm skillnad. Föreställ dig att du har en vän som ofta klagar eller är negativ. Det är lätt att dras med i deras negativa energi eller känna sig frustrerad över deras attityd. Men istället för att fokusera på det negativa kan du välja att se situationen från ett annat perspektiv. Du kanske tänker: "Min vän har det svårt just nu, och jag har en möjlighet att vara ett stöd och sprida lite positiv energi." Genom att fokusera på vad du kan bidra med, istället för att fastna i deras negativa mönster, kan du både skydda ditt eget välmående och kanske hjälpa dem att hitta en ljusare syn på saker.

Ett annat exempel kan vara när du gör ett misstag, till exempel glömmer bort ett viktigt möte eller skickar ett mejl med ett stavfel. Det är naturligt att känna sig dum eller misslyckad i sådana stunder: "Hur kunde jag vara så slarvig? Nu kommer alla tro att jag är oprofessionell." Men positivt tänkande handlar om att omfamna dina misstag som en del av lärandeprocessen. Du kan tänka: "Det här var inte idealiskt, men jag har lärt mig att vara mer uppmärksam i framtiden." Istället för att fastna i självkritik använder du misstaget som en möjlighet att växa.

Till och med när det gäller små saker som att stå i en lång kö på mataffären kan positivt tänkande förändra hur du upplever situationen. Det är lätt att bli otålig och tänka: "Varför måste det alltid vara så långsamt här? Jag har inte tid för det här." Men vad händer om du istället ser det som ett tillfälle att ta en paus och vara närvarande? Du kanske tänker: "Den här kön ger mig tid att reflektera över min dag, eller kanske bara njuta av några ögonblick av lugn." Det kräver inte mycket, men det kan göra en stor skillnad för hur du känner dig när du lämnar affären.

Arbetslivet erbjuder också många möjligheter att praktisera positivt tänkande. Tänk dig att du får kritik från din chef efter att ha levererat ett projekt. Den första reaktionen kan vara defensiv: "De förstår inte hur mycket arbete jag har lagt ner på detta. Varför måste de alltid hitta något att klaga på?" Men istället kan du välja att se kritiken som konstruktiv. Du kan tänka: "Det här är en chans för mig att förbättra mig och visa att jag är öppen för att växa." Genom att fokusera på lärandet istället för på det negativa, kan du stärka din egen utveckling och bygga bättre relationer på jobbet.

Ett sista exempel handlar om hur vi bemöter vår egen hälsa och vårt välmående. Kanske har du haft en period där du inte ätit så hälsosamt som du skulle vilja, eller där du inte tränat så mycket som du planerat. Det är lätt att tänka: "Jag har verkligen förstört allt. Det är ingen idé att försöka längre." Men positivt tänkande innebär att du ser varje dag som en ny möjlighet. Du kanske tänker: "Jag kan inte ändra gårdagen, men jag kan göra bättre val idag." Det ger dig kraften att fortsätta framåt utan att låta tidigare misstag hålla dig tillbaka.

Det som alla dessa exempel har gemensamt är att de visar hur små justeringar i vårt sätt att tänka kan ha en stor inverkan på våra upplevelser. Positivt tänkande handlar inte om att förneka det som är svårt eller att tvinga fram glädje. Det handlar om att medvetet välja att se ljusglimtarna, även i utmanande situationer, och att använda dem som drivkraft för att navigera genom livet med hopp och styrka.

Genom att praktisera dessa små vardagliga förändringar i ditt tänkesätt kan du börja märka en större förändring i hur du känner dig, hur du agerar och hur du upplever världen runt omkring dig. Positivt tänkande är inte en färdighet som bara vissa människor har; det är en vana som alla kan utveckla. Och det börjar med de små sakerna – de små tankarna – varje dag.

4.Steg för att börja förändra ditt tänkesätt idag

Att förändra sitt tänkesätt kan kännas som en enorm uppgift, särskilt om du har fastnat i negativa tankemönster under lång tid. Men sanningen är att stora förändringar alltid börjar med små steg. Det är inte en magisk transformation som sker över en natt, utan en gradvis resa där varje steg för dig närmare det liv du vill leva. Den goda nyheten är att du kan börja redan idag, och processen behöver inte vara komplicerad. Det handlar om att göra små medvetna val som bygger upp en starkare och mer positiv grund för ditt tänkande.

Det första steget är att bli medveten om dina tankar. Vi tänker tusentals tankar varje dag, och många av dem sker automatiskt utan att vi ens märker det. Men för att förändra ditt tankesätt måste du först förstå vad som pågår i ditt sinne. Ta en stund varje dag, kanske på morgonen eller kvällen, för att reflektera över vilka tankar som dominerade din dag. Var de mestadels positiva eller negativa? Hur påverkade de dina känslor och handlingar? Genom att observera dina tankar utan att döma dem, skapar du en grundläggande medvetenhet som är avgörande för förändring.

Nästa steg är att börja ifrågasätta dina negativa tankar. När du märker en tanke som "Jag är inte tillräckligt bra" eller "Det här kommer aldrig att fungera", stanna upp och fråga dig själv: "Är detta verkligen sant?" Ofta upptäcker vi att våra negativa tankar är överdrivna eller baserade på antaganden snarare än fakta. Genom att ifrågasätta dem börjar du bryta deras grepp över dig och öppnar upp för nya, mer positiva perspektiv. Det handlar inte om att förneka verkligheten, utan om att välja en tolkning som är mer hjälpsam och stärkande.

Ett annat kraftfullt sätt att förändra ditt tänkesätt är att odla en vana av tacksamhet. Våra hjärnor har en naturlig tendens att fokusera på det som är fel eller hotfullt – en kvarleva från våra förfäders överlevnadsinstinkter. Men genom att medvetet rikta din uppmärksamhet mot det du är tacksam för, omprogrammerar du din hjärna att se det positiva i livet. En enkel övning är att varje kväll skriva ner tre saker du är tacksam för. Det kan vara allt från en vänlig gest från en kollega till det faktum att solen sken under din lunchrast. Denna rutin kanske verkar liten, men med tiden kan den skapa en djupgående förändring i hur du ser på världen.

För att verkligen börja förändra ditt tankesätt är det också viktigt att omge dig med positiva influenser. Detta betyder inte att du ska ignorera människor som går igenom svåra tider, men det innebär att du aktivt söker upp inspiration och stöd. Läs böcker som motiverar dig, lyssna på poddar som lyfter dig, och tillbringa tid med människor som uppmuntrar dig att vara ditt bästa jag. Ditt sociala och mentala landskap spelar en stor roll i hur du tänker och känner, så gör ett medvetet val att skapa en miljö som främjar positivitet.

En annan viktig strategi är att börja sätta upp små, realistiska mål för dig själv. Ett av de vanligaste hindren för positivt tänkande är känslan av att vara överväldigad av allt som behöver göras eller förändras. Men när du delar upp stora mål i mindre, hanterbara steg, blir resan mycket lättare. Om ditt mål till exempel är att förbättra din hälsa, börja med något så enkelt som att dricka ett glas vatten varje morgon eller ta en kort promenad efter jobbet. När du uppnår dessa små mål, bygger du upp självförtroende och momentum som hjälper dig att fortsätta framåt.

Att förändra sitt tankesätt handlar också om att vara snäll mot sig själv. Många av oss är våra egna värsta kritiker, och denna självkritik kan ofta vara det största hindret för förändring. Men positivt tänkande handlar inte bara om att förändra hur du ser på världen – det handlar också om att förändra hur du ser på dig själv. Öva på att ge dig själv samma vänlighet och medkänsla som du skulle ge en nära vän. När du gör ett misstag, istället för att slå ner på dig själv, säg: "Jag gjorde mitt bästa i den här situationen, och nästa gång kommer jag att göra det ännu bättre." Denna självmedkänsla är en kraftfull katalysator för positivt tänkande.

Slutligen, kom ihåg att förändring tar tid och att det är en process som kommer med både framsteg och bakslag. Det är naturligt att falla tillbaka i gamla mönster ibland, men det betyder inte att du har misslyckats. Varje gång du väljer att komma tillbaka till dina positiva intentioner, stärker du din förmåga att tänka positivt. Det är som att lära sig ett nytt språk – i början känns det svårt och ovant, men med övning och uthållighet blir det gradvis en del av dig.

Att börja förändra sitt tankesätt idag handlar inte om att bli en helt ny person över en natt. Det handlar om att ta små, medvetna steg som leder dig närmare den bästa versionen av dig själv. Varje tanke, varje handling och varje val är en möjlighet att skapa en mer positiv och meningsfull verklighet. Och det bästa av allt? Den resan börjar med dig – här och nu. Är du redo att ta det första steget?

Kapitel 2: Identifiera och omvandla negativa tankar

1.Förstå negativa tankemönster och deras påverkan

Negativa tankar är som skuggor som kan förmörka vår syn på världen, oss själva och vår framtid. De smyger sig ofta på utan att vi ens märker det, och innan vi vet ordet av det har de påverkat vårt humör, våra handlingar och hur vi bemöter livet. Men för att verkligen kunna omvandla dessa tankar behöver vi först förstå vad de är, var de kommer ifrån och hur de påverkar oss.

Negativa tankar är ofta djupt rotade i vårt undermedvetna. De kan vara resultatet av tidigare erfarenheter, kulturella normer eller till och med biologiska mekanismer. Vår hjärna är designad för att upptäcka hot, en överlevnadsinstinkt som hjälpte våra förfäder att undvika faror. Men i dagens värld, där vi inte längre behöver fly från rovdjur, har denna mekanism istället utvecklats till en tendens att fokusera på problem, misslyckanden och rädslor. När vi upplever något som känns hotfullt – ett jobbigt möte, en missad deadline eller en konflikt – reagerar vår hjärna med negativa tankar som försöker skydda oss. Problemet är att dessa tankar inte alltid är realistiska eller hjälpsamma.

Tänk dig att du gör ett misstag på jobbet. Din första tanke kanske är: "Jag är så dålig på mitt jobb. Nu kommer alla att se mig som inkompetent." Denna typ av tanke är ett exempel på vad psykologer kallar "katastroftankar" – vi överdriver situationens allvar och drar negativa slutsatser utan att ha alla fakta. Den här typen av tankar är inte bara osanna, utan de skapar också en ond cirkel. Ju mer vi tänker på våra misstag på detta sätt, desto mer rädda och osäkra känner vi oss, vilket i sin tur gör oss mindre benägna att agera konstruktivt och lösa problemet.

Negativa tankemönster kan också ta formen av självkritik. Många av oss är våra egna hårdaste kritiker och säger saker till oss själva som vi aldrig skulle säga till en vän. När vi ständigt påminner oss om våra brister och misslyckanden, blir det svårt att se våra styrkor och framgångar. Denna självkritik kan bli en självuppfyllande profetia – vi tror att vi inte är tillräckligt bra, och därför undviker vi möjligheter som skulle kunna bevisa motsatsen.

En annan vanlig form av negativa tankar är att fastna i det förflutna eller oroa sig för framtiden. Vi kanske tänker: "Om jag bara hade gjort det annorlunda, skulle allt vara bättre nu," eller "Vad händer om jag misslyckas med det här? Hur ska jag klara mig då?" Dessa tankar håller oss tillbaka från att leva i nuet och ta itu med det som faktiskt är inom vår kontroll. Genom att ständigt älta det som har hänt eller oroa oss för vad som kan hända, förlorar vi energi och fokus på det som verkligen betyder något – att skapa en positiv förändring här och nu.

Men varför är det så svårt att bryta negativa tankemönster? En del av svaret ligger i hur hjärnan fungerar. När vi upprepar en viss typ av tanke, skapar vi starkare kopplingar mellan de nervceller som är involverade i den tanken. Det är som att trampa upp en stig i skogen – ju fler gånger du går samma väg, desto tydligare och enklare blir stigen att följa. På samma sätt blir negativa tankar lättare att tänka ju oftare vi tänker dem. Det är därför som vissa människor kan känna att negativa tankar är deras "standardläge".

Den goda nyheten är att vi kan förändra detta. Precis som negativa tankemönster kan byggas upp över tid, kan positiva tankemönster också tränas upp. Men för att göra det måste vi först bli medvetna om våra negativa tankar och hur de påverkar oss. Här är en nyckel: observera dina tankar utan att döma dem. Istället för att slå ner på dig själv för att du tänker negativt, försök att se tankarna som moln som passerar på himlen. De är inte permanenta, och de definierar inte vem du är. De är bara tankar.

När vi börjar identifiera våra negativa tankemönster, kan vi också börja se deras konsekvenser. Tänk på en situation där en negativ tanke påverkade hur du agerade. Kanske undvek du att tala på ett möte för att du tänkte: "Ingen kommer ändå att bry sig om vad jag säger." Hur skulle situationen ha sett ut om du istället hade tänkt: "Jag har något värdefullt att bidra med, och det är värt att dela det"? Genom att förstå hur våra tankar formar våra handlingar, kan vi börja ta kontroll över dem.

En annan viktig insikt är att negativa tankar inte alltid är fel. De kan ibland vara varningssignaler som hjälper oss att identifiera problem eller risker. Men skillnaden mellan hjälpsamma och ohjälpsamma negativa tankar ligger i hur vi hanterar dem. Hjälpsamma tankar leder till handling – de får oss att planera, förbereda oss och göra förbättringar. Ohjälpsamma tankar, däremot, håller oss fast i oro och självtvivel utan att leda någonstans.

Genom att förstå negativa tankemönster och deras påverkan, tar vi det första steget mot att omvandla dem. Det handlar inte om att eliminera alla negativa tankar – det är en omöjlig och onödig uppgift. Istället handlar det om att bygga upp en medvetenhet och lära sig att välja vilka tankar vi vill ge makt över våra liv. När vi gör detta, öppnar vi dörren till ett mer balanserat, positivt och stärkande sätt att tänka. Och den förändringen börjar med dig – och de tankar du väljer att fokusera på – idag.

2.Tekniker för att känna igen negativa tankemönster

Att känna igen negativa tankemönster är ett avgörande första steg för att kunna förändra dem. Precis som en läkare inte kan behandla en sjukdom utan att först ställa en diagnos, kan vi inte ta itu med våra negativa tankar utan att förstå vad de är och hur de uppstår. Men hur gör man det? Negativa tankar är ofta subtila, nästan som en viskning i bakgrunden, och de kan kännas så naturliga att vi inte ens märker dem. Därför behöver vi utveckla medvetenhet och använda specifika tekniker för att identifiera dessa mönster.

Ett effektivt sätt att börja är att skapa en vana av självreflektion. Varje dag, kanske på kvällen, kan du ta några minuter för att tänka tillbaka på hur din dag har varit och vilka tankar som dominerade. Var det några situationer som utlöste stress, frustration eller självkritik? Försök att skriva ner dessa tankar i en dagbok utan att censurera dig själv. Till exempel kanske du upptäcker att du tänkte: "Jag borde ha gjort det bättre," efter ett möte på jobbet, eller "Varför händer det alltid mig?" när något oväntat inträffade. Att skriva ner dessa tankar hjälper dig att synliggöra dem och se mönster som du annars kanske inte skulle lägga märke till.

En annan kraftfull teknik är att använda mindfulness, eller medveten närvaro. Mindfulness handlar om att vara fullt närvarande i stunden och observera dina tankar utan att döma dem. När en negativ tanke dyker upp, istället för att försöka trycka bort den eller bli frustrerad, kan du notera den med en neutral attityd. Du kanske säger till dig själv: "Ah, där är den tanken igen." Genom att observera tanken utan att fastna i den skapar du ett utrymme mellan dig och tanken, vilket gör det lättare att se den för vad den är – bara en tanke, inte en absolut sanning.

Ett annat sätt att identifiera negativa tankemönster är att lära känna de vanligaste typerna av negativa tankar. Psykologer har identifierat flera kategorier, som "katastroftankar", där du förväntar dig det värsta möjliga utfallet, eller "allt-eller-inget-tänkande", där du ser saker i svartvitt utan nyanser. Ett exempel på katastroftankar kan vara: "Om jag misslyckas med detta projekt, kommer min karriär att vara över." Ett exempel på allt-eller-inget-tänkande kan vara: "Om jag inte gör det perfekt, är det inte värt något." Genom att känna igen dessa typer av tankar kan du börja sätta ord på dem och ifrågasätta deras giltighet.

En teknik som kan vara särskilt användbar är att använda frågor för att granska dina tankar. När en negativ tanke dyker upp, ställ dig själv frågor som: "Är detta verkligen sant?" eller "Finns det några bevis för att denna tanke är korrekt?" Till exempel, om du tänker: "Jag är dålig på att hålla presentationer," kan du fråga dig själv: "Finns det tillfällen då jag faktiskt lyckades med en presentation?" Genom att ställa dessa frågor börjar du separera fakta från känslor och bryta ner de negativa tankarnas makt över dig.

En annan metod är att vara uppmärksam på dina känslor och kroppsliga reaktioner. Negativa tankar påverkar ofta hur vi känner oss fysiskt. Du kanske märker att du känner dig spänd i axlarna, har en knut i magen eller känner dig andfådd. När du upplever dessa fysiska signaler kan det vara en indikation på att en negativ tanke har aktiverats. Till exempel, om du känner dig nervös inför ett möte, kan det vara för att du tänker: "Vad händer om jag gör bort mig?" Genom att koppla dina känslor och kroppsliga reaktioner till specifika tankar kan du börja identifiera de tankemönster som utlöser dem.

En annan teknik är att lyssna på hur du pratar med dig själv. Självprat är det interna samtalet vi har med oss själva hela tiden, och det kan vara en guldgruva för att avslöja negativa tankemönster. Till exempel, när du gör ett misstag, säger du till dig själv: "Det här är så typiskt mig, jag kan aldrig göra något rätt"? Om så är fallet är det ett tydligt exempel på ett negativt tankemönster som kan behöva förändras. Börja lyssna noga på dessa interna dialoger och skriv ner dem när du märker att de är negativa.

Slutligen är det viktigt att komma ihåg att identifiera negativa tankemönster inte är en engångsövning. Det är en pågående process som kräver tålamod och övning. Det kan kännas obekvämt i början att börja granska sina tankar, särskilt om du upptäcker att många av dem är negativa. Men kom ihåg att detta inte är en anledning att döma dig själv. Tvärtom är det en möjlighet att lära känna dig själv bättre och börja skapa en mer positiv och stärkande inre dialog.

Genom att använda dessa tekniker – självreflektion, mindfulness, att känna igen vanliga tankemönster, att granska dina tankar, vara uppmärksam på dina känslor och kroppsliga reaktioner, och att lyssna på ditt självprat – kan du börja identifiera och förstå de negativa tankar som påverkar dig. Detta är det första steget mot att bryta deras grepp och skapa en mer balanserad och positiv syn på livet. Och när du väl har tagit det steget, öppnas dörren till en värld av möjligheter och välbefinnande som du kanske inte ens trodde var möjlig.

3.Metoder för att skifta från negativt till positivt tänkande

Att gå från negativa till positiva tankemönster är inte alltid lätt, särskilt om vi har fastnat i en vana att tänka negativt. Men det är fullt möjligt, och det börjar med att förstå att dina tankar är formbara. Du har makten att välja vad du fokuserar på och hur du tolkar det som händer i ditt liv. Genom att använda specifika metoder kan du gradvis förändra ditt sätt att tänka och skapa en mer positiv och hoppfull inställning till livet.

En av de första och mest effektiva metoderna är att öva på att omformulera dina tankar. Det innebär att när du märker en negativ tanke, stannar du upp och aktivt letar efter ett nytt, mer positivt sätt att se på situationen. Tänk dig till exempel att du har en tuff dag på jobbet och tänker: "Jag klarar inte av det här." Istället för att låta den tanken ta över, kan du omformulera den till: "Det här är svårt, men jag har klarat svåra saker förut. Jag kan ta ett steg i taget." Denna teknik handlar inte om att ignorera verkligheten, utan om att välja ett perspektiv som ger dig styrka istället för att dra ner dig.

Ett annat kraftfullt verktyg är tacksamhet. Tacksamhet har en unik förmåga att skifta ditt fokus från vad som saknas till vad som redan finns. När du känner dig överväldigad av negativa tankar, ta en stund för att reflektera över vad du är tacksam för. Det kan vara små saker, som en varm kopp kaffe, ett leende från en främling eller en god natts sömn. Genom att medvetet rikta din uppmärksamhet mot det positiva i ditt liv, tränar du din hjärna att lägga märke till fler sådana ögonblick. Med tiden blir detta ett naturligt sätt att tänka, och negativa tankar får mindre utrymme.

En annan metod som kan hjälpa dig att skifta från negativa till positiva tankar är att använda visualisering. När du känner dig fast i negativa tankemönster, ta några minuter för att föreställa dig ett scenario där du hanterar situationen framgångsrikt eller där allt löser sig på bästa möjliga sätt. Om du till exempel oroar dig för en presentation på jobbet, föreställ dig hur du står framför dina kollegor, talar med självförtroende och får positiv respons. Denna typ av visualisering hjälper dig inte bara att förändra ditt tankesätt, utan den förbereder också din hjärna för att agera på ett mer positivt och konstruktivt sätt.

En viktig aspekt av att skifta tankemönster är att vara medveten om det språk du använder, både i ditt självprat och i dina samtal med andra. Språk har en enorm kraft att forma våra tankar och känslor. När du märker att du använder negativa ord som "aldrig," "alltid," eller "kan inte," försök att ersätta dem med mer balanserade och positiva uttryck. Istället för att säga: "Jag kan aldrig göra något rätt," kan du säga: "Jag gjorde ett misstag den här gången, men jag kan lära mig av det och göra bättre nästa gång." Denna medvetenhet om ditt språk hjälper dig att skapa ett mer positivt inre och yttre klimat.

Mindfulness är en annan metod som kan hjälpa dig att skifta från negativitet till positivitet. Mindfulness handlar om att vara närvarande i nuet och att observera dina tankar utan att döma dem. När du uppmärksammar en negativ tanke, istället för att försöka trycka bort den eller låta den ta över, kan du helt enkelt notera den och sedan medvetet välja att fokusera på något annat. Till exempel, om du märker att du tänker: "Jag kommer aldrig att bli framgångsrik," kan du säga till dig själv: "Där är den tanken igen. Jag behöver inte agera på den. Vad kan jag göra just nu för att ta ett steg mot mina mål?" Denna medvetna närvaro hjälper dig att bryta automatiska negativa reaktioner och ersätta dem med mer konstruktiva tankar.

Att skriva dagbok är också en mycket effektiv metod för att förändra dina tankemönster. Genom att skriva ner dina tankar och känslor kan du få en tydligare bild av vad som pågår i ditt sinne. När du läser igenom dina anteckningar, leta efter återkommande teman och mönster. Finns det vissa situationer eller personer som ofta utlöser negativa tankar? Genom att identifiera dessa mönster kan du börja arbeta med att förändra dem. Du kan också använda din dagbok för att skriva ner positiva affirmationer eller påminnelser om dina styrkor och framgångar, vilket hjälper dig att bygga upp en starkare och mer positiv självbild.

En annan viktig aspekt av att skifta tankemönster är att skapa ett stödjande socialt nätverk. Omge dig med människor som inspirerar dig, uppmuntrar dig och hjälper dig att se det positiva i livet. När du känner dig fast i negativa tankar, prata med en vän eller familjemedlem som du litar på. Ibland kan en annan persons perspektiv hjälpa dig att se situationen från en annan vinkel och bryta de negativa mönstren.

Det är också viktigt att vara tålmodig med dig själv. Att skifta från negativa till positiva tankar är en process som tar tid. Du kommer inte att kunna förändra alla dina tankemönster på en dag, och det är okej. Varje gång du lyckas identifiera och ersätta en negativ tanke med en positiv är det ett steg framåt. Ge dig själv beröm för dessa små framsteg, och kom ihåg att även de minsta förändringarna kan ha en stor inverkan på lång sikt.

Att skifta från negativt till positivt tänkande handlar inte om att ignorera livets utmaningar eller låtsas som att allt är perfekt. Det handlar om att medvetet välja att fokusera på det som stärker dig, hjälper dig att växa och ger dig hopp. Genom att använda metoder som omformulering, tacksamhet, visualisering, mindfulness, dagboksskrivande och stöd från andra kan du gradvis förändra ditt sätt att tänka och skapa en mer positiv och meningsfull tillvaro. Och det bästa av allt? Du kan börja idag, ett litet steg i taget.

4.Att behålla fokus på positiva tankar

Att lära sig tänka positivt är en sak, men att faktiskt behålla fokus på positiva tankar är en helt annan utmaning. Världen är full av distraktioner, motgångar och negativa influenser som ständigt konkurrerar om vår uppmärksamhet. Det är lätt att börja dagen med de bästa intentionerna, bara för att några timmar senare upptäcka att vi har fallit tillbaka i gamla mönster av oro, självkritik eller frustration. Men att behålla fokus på positiva tankar är möjligt, och det börjar med medvetenhet och enkla, konsekventa vanor.

Det första steget är att förstå att positiva tankar inte automatiskt betyder glada tankar. Positivitet handlar inte om att förneka eller ignorera det svåra i livet, utan om att välja ett perspektiv som ger dig styrka och hopp, även i utmanande situationer. För att behålla detta fokus behöver du regelbundet påminna dig själv om varför det är viktigt att tänka positivt och vilka fördelar det ger dig. Gör det till en vana att reflektera över hur positiva tankar har påverkat dig tidigare. Kanske märker du att du har löst problem mer effektivt, känt dig mer energisk eller haft bättre relationer när du fokuserar på det positiva.

En av de mest effektiva teknikerna för att behålla positiva tankar är att skapa dagliga ritualer som stödjer ett positivt tankesätt. Börja din dag med en stund av tacksamhet. När du vaknar, tänk på tre saker som du ser fram emot eller är tacksam för. Det kan vara något så enkelt som en kopp kaffe, en vänlig konversation eller ett mål du arbetar mot. Genom att börja dagen med dessa tankar sätter du tonen för resten av dagen och tränar din hjärna att leta efter fler positiva saker.

Under dagen är det också viktigt att vara uppmärksam på vilka influenser du släpper in i ditt sinne. Tänk på hur mycket tid du tillbringar med att läsa nyheter, scrolla på sociala medier eller prata med människor som har en tendens att fokusera på det negativa. Detta betyder inte att du ska undvika allt som är svårt eller problematiskt, men det handlar om att vara selektiv med var du lägger din energi. Om du märker att något drar ner dig, ta en paus och rikta din uppmärksamhet mot något som ger dig energi och inspiration.

Ett annat kraftfullt verktyg är visualisering. När du känner att negativa tankar börjar ta över, stanna upp och föreställ dig ett ögonblick eller en situation som ger dig glädje eller stolthet. Det kan vara ett minne från en lyckad prestation, en vacker plats du har besökt eller en tid då du kände dig särskilt uppskattad. Att återkalla dessa bilder i ditt sinne kan hjälpa dig att bryta negativa tankemönster och återfå ditt fokus på det positiva.

En viktig aspekt av att behålla fokus på positiva tankar är att hantera motgångar på ett konstruktivt sätt. När något oväntat händer, är det lätt att låta negativa tankar ta över. Men istället för att fastna i vad som gick fel, försök att ställa dig själv frågor som: "Vad kan jag lära mig av det här?" eller "Hur kan jag använda detta för att växa?" Genom att se motgångar som möjligheter att utvecklas, istället för hinder, håller du dig förankrad i ett positivt tankesätt, även i utmanande situationer.

En annan teknik som kan hjälpa dig att behålla fokus på positiva tankar är att använda påminnelser och affirmationer. Skriv ner några korta, positiva uttalanden som resonerar med dig, till exempel: "Jag är kapabel att hantera vad som än kommer min väg," eller "Jag väljer att fokusera på det som gör mig glad och stark." Placera dessa på platser där du ser dem ofta – kanske på din spegel, vid ditt skrivbord eller som en bakgrundsbild på din telefon. Varje gång du ser dessa påminnelser, tar du en liten paus för att återknyta till det positiva.

Det är också viktigt att förstå att våra hjärnor är naturligt programmerade att fokusera på det negativa, en överlevnadsstrategi som har hjälpt oss genom historien. Detta innebär att det krävs medveten ansträngning för att omprogrammera vårt fokus till det positiva. Ett sätt att göra detta är att använda en teknik som kallas "uppmärksamhetsskifte." När du märker att du fastnar i negativa tankar, identifiera något konkret och positivt att rikta din uppmärksamhet mot. Det kan vara att ta en promenad och njuta av naturen, ringa en vän eller ägna dig åt en hobby som gör dig glad.

Att behålla positiva tankar handlar också om att fira små framgångar. Många av oss är så fokuserade på slutmålet att vi glömmer att uppskatta de små stegen vi tar varje dag. När du gör något som går bra, oavsett hur litet det är, ge dig själv beröm. Det kan vara så enkelt som att säga: "Bra gjort!" eller ta några minuter för att njuta av känslan av att ha uppnått något. Genom att fira dessa små segrar förstärker du ditt positiva tankesätt och bygger upp ditt självförtroende.

Slutligen är det viktigt att komma ihåg att att behålla fokus på positiva tankar inte betyder att du aldrig kommer att ha negativa tankar. Det är en naturlig del av att vara människa, och det är helt okej att känna sig nere eller frustrerad ibland. Nyckeln är att inte fastna i dessa tankar, utan att medvetet välja att återvända till det positiva när du är redo. Genom att vara snäll mot dig själv och acceptera att förändring tar tid, skapar du en miljö där positiva tankar kan blomstra.

Att behålla fokus på positiva tankar är en daglig övning, en process som kräver engagemang och tålamod. Men med tiden kommer du att märka att det blir lättare och mer naturligt. Genom att använda tekniker som tacksamhetsövningar, visualisering, affirmationer och uppmärksamhetsskifte, samt genom att hantera motgångar konstruktivt och fira små framgångar, kan du skapa ett tankesätt som inte bara stärker dig, utan också berikar ditt liv på sätt du kanske inte ens hade föreställt dig. Det är en resa som börjar med ett medvetet val – att fokusera på det positiva och låta det vägleda dig framåt.

Kapitel 3: Bygga positiva vanor i vardagen

1.Vanors betydelse för ett positivt tänkesätt

Vanor är som osynliga trådar som väver ihop våra liv. De små, repetitiva handlingar vi utför varje dag påverkar inte bara hur vi upplever världen, utan också hur vi formar våra tankar, känslor och beteenden. Om du någon gång har försökt ändra en vana vet du hur djupt rotade de kan vara – och just därför är de så kraftfulla. För att skapa ett positivt tankesätt är det avgörande att bygga vanor som stöder och förstärker denna förändring. Men hur gör man det, och varför är vanor så viktiga för hur vi tänker och känner?

För att förstå vanors betydelse måste vi först inse hur hjärnan fungerar. Vår hjärna är fantastisk på att spara energi. När vi upprepar en handling tillräckligt många gånger, blir den automatiserad och kräver mindre medveten ansträngning. Tänk på hur det var när du lärde dig att cykla eller köra bil. I början var du tvungen att tänka på varje liten rörelse, men med tiden blev det naturligt. Samma sak händer med våra tankar och känslor. När vi upprepar vissa sätt att tänka – vare sig de är positiva eller negativa – blir de till vanor som påverkar hur vi tolkar och reagerar på livet.

Ett positivt tankesätt kräver inte bara att vi utmanar negativa tankar, utan också att vi aktivt odlar nya, positiva sätt att tänka. Här spelar vanor en central roll. När vi gör det till en vana att reflektera över det positiva i vårt liv, att uttrycka tacksamhet eller att bemöta utmaningar med nyfikenhet istället för rädsla, bygger vi upp mentala muskler som stärker vårt positiva tänkande. Det är inte något som händer över en natt, men med konsekvens kan även små förändringar leda till stora resultat.

Låt oss ta ett konkret exempel. Föreställ dig att du varje kväll skriver ner tre saker som gick bra under dagen. Det kan vara allt från ett vänligt leende från en kollega till att du lyckades hålla en presentation du var nervös för. Den här övningen tar bara några minuter, men genom att upprepa den varje dag börjar din hjärna leta efter positiva ögonblick automatiskt. Det är som att skapa en ny stig i en skog – ju oftare du går på den, desto tydligare och lättare blir den att följa. Denna vana hjälper dig inte bara att se det goda i livet, utan den tränar också din hjärna att fokusera på möjligheter istället för problem.

Men vanor handlar inte bara om att skapa positiva handlingar; de hjälper oss också att minska inflytandet av negativa mönster. Om du till exempel har en vana att direkt kolla sociala medier när du vaknar, kanske du märker att det sätter tonen för en stressig eller jämförande dag. Genom att ersätta den vanan med något mer positivt – som att ta några minuter för att reflektera över dina mål eller läsa en inspirerande text – kan du förändra din dag och därmed ditt tankesätt. Det handlar inte om att göra stora förändringar, utan om att göra medvetna val som stärker din mentala hälsa.

En viktig aspekt av att bygga positiva vanor är att börja smått. Många av oss har en tendens att sätta upp stora mål – att träna varje dag, meditera en timme eller skriva en dagbok varje kväll – och sedan känna oss överväldigade när vi inte lyckas hålla fast vid dem. Istället är det bättre att börja med något så litet att det känns nästan omöjligt att misslyckas. Om du vill börja med tacksamhetsövningar, kanske du kan börja med att tänka på en enda sak du är tacksam för varje dag. När denna lilla vana har blivit en del av din rutin, kan du gradvis bygga vidare på den.

Det är också viktigt att koppla dina vanor till något du redan gör. Detta kallas "habit stacking," och det är ett effektivt sätt att bygga nya rutiner. Om du till exempel vill börja med positiva affirmationer, kan du göra det direkt efter att du borstat tänderna på morgonen. Genom att knyta den nya vanan till en befintlig rutin, gör du det lättare att komma ihåg och integrera den i din dag.

Ett annat viktigt steg är att skapa en miljö som stödjer dina positiva vanor. Våra omgivningar påverkar oss mer än vi kanske inser. Om du vill börja läsa inspirerande böcker, se till att ha en bok liggande framme på nattduksbordet eller på soffbordet där du enkelt kan nå den. Om du vill minska stress, kanske du kan skapa en lugn hörna i ditt hem där du kan meditera eller bara andas djupt i några minuter. Genom att göra det enklare att utföra dina nya vanor, ökar du sannolikheten för att du faktiskt håller fast vid dem.

Det är också viktigt att vara tålmodig och förlåta dig själv när du misslyckas. Vanor tar tid att bygga, och det är naturligt att det kommer dagar då du glömmer eller känner dig omotiverad. Det viktigaste är att inte ge upp. Kom ihåg att varje gång du återvänder till din positiva vana, stärker du den. Det är som att bygga en muskel – det är inte de enstaka gångerna du tränar som gör skillnaden, utan konsekvensen över tid.

Att bygga positiva vanor i vardagen är en investering i ditt välbefinnande och din framtid. Det handlar inte om att försöka förändra hela ditt liv på en gång, utan om att göra små, men meningsfulla justeringar som leder till stora förändringar över tid. Genom att skapa vanor som stödjer ett positivt tankesätt, skapar du en stabil grund som hjälper dig att navigera livets utmaningar med styrka och optimism. Och det bästa av allt? Du kan börja idag, med ett enda litet steg.

2. Att börja varje dag med en positiv inställning

Hur vi börjar våra morgnar sätter tonen för hela dagen. Tänk dig att du vaknar av att alarmet skräller, slår av det i panik och inser att du redan är sen. Du slänger på dig kläderna, hoppar över frukosten och rusar ut genom dörren. Stressen du känner följer dig som en skugga under resten av dagen. I kontrast kan en lugn och medveten morgon fylla dig med energi, fokus och en känsla av kontroll som varar långt efter att solen gått ner. Att börja dagen med en positiv inställning handlar inte bara om att skapa en bättre morgon – det handlar om att skapa ett bättre liv.

Det första steget mot en positiv morgon är att ge dig själv tid. När du sätter alarmet på kvällen, fundera på hur lång tid du behöver för att vakna i lugn och ro. Det handlar inte om att lägga till timmar till din morgonrutin, utan om att skapa utrymme för de saker som gör skillnad. Kanske betyder det att gå upp tio minuter tidigare för att hinna dricka en kopp kaffe i stillhet eller ta några djupa andetag innan dagens ansvar tar över. Denna lilla justering kan göra en enorm skillnad i hur du känner dig när dagen börjar.

När du väl har stigit upp, är det viktigt att rikta din uppmärksamhet mot något positivt. En enkel men kraftfull vana är att börja dagen med tacksamhet. Innan du ens lämnar sängen, tänk på tre saker du är tacksam för. Det kan vara stora saker, som din hälsa eller dina relationer, eller små saker, som doften av nybryggt kaffe eller ljudet av fågelsång utanför fönstret. Tacksamhet har en otrolig förmåga att skifta vårt fokus från vad som saknas till vad vi har, och det ger en känsla av frid och glädje som kan följa oss genom hela dagen.

Förutom tacksamhet kan en positiv morgon också börja med att sätta en intention för dagen. Istället för att bara gå igenom dagen på autopilot, ta några ögonblick för att fråga dig själv: "Vad vill jag fokusera på idag?" eller "Hur vill jag känna mig när dagen är slut?" Detta behöver inte vara komplicerat. Din intention kan vara något så enkelt som att vara mer närvarande under möten, visa vänlighet mot andra eller helt enkelt njuta av de små ögonblicken. Genom att sätta en tydlig intention ger du din dag en riktning och ett syfte.

En annan viktig komponent i en positiv morgonrutin är rörelse. Vår kropp och vårt sinne är intimt sammankopplade, och hur vi rör oss påverkar hur vi tänker och känner. Det behöver inte vara ett intensivt träningspass – det kan vara något så enkelt som en kort promenad, några minuter av stretching eller en lugn stund med yoga. Rörelse hjälper till att väcka kroppen, frigöra spänningar och starta dagen med energi. Samtidigt frigörs endorfiner, hjärnans "må bra"-hormoner, som kan ge dig en naturlig boost av glädje och fokus.

Om du vill förstärka din positiva morgon ännu mer, kan du också inkludera något som inspirerar dig. Det kan vara att läsa några sidor ur en bok som motiverar dig, lyssna på en podd som ger dig nya perspektiv eller till och med skriva ner några positiva affirmationer. Affirmationer är korta, positiva påståenden som stärker ditt självförtroende och din tro på vad som är möjligt. Du kanske säger till dig själv: "Jag har allt jag behöver för att göra den här dagen fantastisk," eller "Jag väljer att möta dagen med glädje och tacksamhet." Att börja dagen med dessa ord kan hjälpa dig att programmera ditt sinne för framgång och positivitet.

Samtidigt är det viktigt att minimera sådant som drar ner ditt humör. Många av oss har en vana att omedelbart kolla telefonen när vi vaknar, bara för att mötas av en flod av nyheter, e-post och sociala medier som kan skapa stress och jämförelse. Istället för att börja dagen med andras krav och förväntningar, ge dig själv tid att fokusera på dina egna behov och mål först. Låt telefonen vänta, och ge dig själv friheten att börja dagen på dina egna villkor.

En annan aspekt av att börja dagen positivt är att skapa en miljö som stödjer din inställning. Tänk på hur din morgon ser ut – är det kaotiskt och stökigt, eller lugnt och välkomnande? Genom att förbereda saker kvällen innan, som att lägga fram kläder eller planera din frukost, kan du minska morgonstressen och skapa en smidigare start på dagen. Om möjligt, försök också att omge dig med saker som ger dig glädje, som en favoritlåt, en vacker blomma på bordet eller en inspirerande bild.

Slutligen är det viktigt att vara flexibel och realistisk. Ingen morgon är perfekt, och det kommer att finnas dagar då saker inte går som planerat. Men det betyder inte att du har misslyckats. Positivitet handlar inte om att allt måste vara perfekt, utan om att hitta glädje och styrka även när det blir utmanande. Om du märker att du börjar dagen på fel fot, ge dig själv tillåtelse att börja om. Det är aldrig för sent att välja en positiv inställning, oavsett vilken tid på dagen det är.

Att börja varje dag med en positiv inställning är inte bara en vana – det är en investering i ditt välbefinnande och din framtid. Genom att ge dig själv tid, fokusera på tacksamhet, sätta intentioner, röra på dig och minimera negativa influenser, kan du skapa en morgonrutin som stärker dig och sätter dig i rätt sinnesstämning för att möta vad dagen än har att erbjuda. Och det bästa av allt? Du behöver inte vänta tills imorgon för att börja. Du kan börja nu, med en enda positiv tanke.

3.Dagliga övningar i tacksamhet

Tacksamhet är som en dold skatt som kan förändra hur vi ser på livet. När vi aktivt väljer att känna tacksamhet, skiftar vårt fokus från det vi saknar till det vi redan har. Det är en enkel men kraftfull vana som kan förvandla vardagen, fylla våra hjärtan med glädje och hjälpa oss att uppskatta både de stora och små ögonblicken. Men tacksamhet är mer än bara en känsla – det är en praktik som kan tränas och förstärkas genom dagliga övningar.

Att börja dagen med tacksamhet är ett av de enklaste och mest effektiva sätten att införa denna vana i ditt liv. När du vaknar, ta ett ögonblick för att reflektera över något du är tacksam för. Det kan vara så enkelt som att uppskatta värmen från täcket, ljudet av fåglar utanför fönstret eller att du har en ny dag att se fram emot. Att börja morgonen med dessa tankar hjälper dig att sätta en positiv ton för resten av dagen och ger dig en känsla av närvaro och frid.

En av de mest populära metoderna för att praktisera tacksamhet är att skriva en tacksamhetsdagbok. Varje kväll innan du går och lägger dig, skriv ner tre saker du är tacksam för från dagen som gått. Det behöver inte vara något stort eller livsomvälvande – det kan vara ett leende från en främling, en god måltid eller att du klarade av ett utmanande möte. Genom att skriva ner dessa saker, hjälper du din hjärna att fokusera på det positiva och tränar dig själv att leta efter ljusglimtar i vardagen. Efter några veckor kommer du kanske att märka att det blir lättare att hitta saker att vara tacksam för, och den här övningen kan gradvis förändra hur du ser på livet.

En annan kraftfull övning är att uttrycka din tacksamhet direkt till andra. Tänk på någon som har gjort något för dig som du uppskattar – det kan vara en vän, en kollega eller en familjemedlem. Skriv ett kort tackmeddelande, ring ett samtal eller säg det till dem ansikte mot ansikte. Det kan vara något så enkelt som: "Jag ville bara säga hur mycket jag uppskattar allt stöd du har gett mig på sistone. Det betyder verkligen mycket för mig." Att uttrycka tacksamhet till andra stärker inte bara dina relationer, utan det fyller dig också med en känsla av glädje och koppling.

Förutom att reflektera över positiva händelser och uttrycka tacksamhet mot andra, kan du också öva tacksamhet för de utmaningar du möter. Det kanske låter motsägelsefullt, men även svåra stunder kan ge oss värdefulla insikter och tillfällen att växa. Nästa gång du står inför en utmaning, stanna upp och fråga dig själv: "Vad kan jag vara tacksam för i den här situationen?" Kanske lär du dig något nytt om dig själv, utvecklar styrka eller får en ny möjlighet som du annars inte hade haft. Genom att se motgångar som en del av din resa, istället för som hinder, kan du förändra ditt perspektiv och hitta mening även i det som är svårt.

En annan effektiv metod är att skapa en "tacksamhetsstund" under dagen. Det kan vara på lunchen, under en promenad eller när du tar en paus från jobbet. Under denna stund, ta några minuter för att stanna upp och reflektera över vad som har gått bra hittills under dagen. Har någon sagt något snällt till dig? Har du haft en särskilt god kopp kaffe eller fått ett projekt klart i tid? Att ta dessa små ögonblick för att fokusera på det positiva hjälper dig att omprogrammera ditt sinne och påminner dig om att det alltid finns något att vara tacksam för, oavsett hur dagen ser ut.

För att göra tacksamhetsövningar till en naturlig del av ditt liv, kan det också vara hjälpsamt att koppla dem till vardagliga aktiviteter. Till exempel, varje gång du tvättar händerna, tänk på något du är tacksam för. När du går in i ett nytt rum, ta ett ögonblick för att reflektera över något som gör dig glad. Genom att binda dessa små stunder av tacksamhet till dina dagliga rutiner, blir det lättare att integrera dem i ditt liv utan att det känns som en börda.

Det är också viktigt att vara tålmodig med dig själv. I början kan det kännas ovant att leta efter saker att vara tacksam för, särskilt om du har gått igenom en tuff period. Men ju mer du övar, desto lättare blir det. Tacksamhet är som en muskel – ju mer du tränar den, desto starkare blir den. Och precis som med all träning, kommer det att finnas dagar då det känns svårt att hitta motivationen. Det är okej. Det viktigaste är att du fortsätter försöka, även om det bara är med små steg.

Tacksamhet handlar inte om att förneka det som är svårt eller att låtsas som att allt är perfekt. Det handlar om att välja att fokusera på det som stärker dig, glädjer dig och ger dig hopp. Genom dagliga övningar i tacksamhet kan du skapa en vana som förändrar hur du ser på världen och hjälper dig att upptäcka skönheten och glädjen som finns i varje dag. Och det bästa av allt? Du behöver inte vänta på en särskild anledning för att börja. Det finns alltid något att vara tacksam för, och det börjar med att du väljer att se det – här och nu.

4.Att integrera positivitet i alla områden i livet

Positivitet är mer än bara en tanke eller en känsla – det är ett sätt att leva. Att verkligen integrera positivitet i alla aspekter av ditt liv innebär att låta det genomsyra dina handlingar, relationer och hur du möter både utmaningar och framgångar. Det handlar inte om att alltid vara glad eller att ignorera det som är svårt, utan om att medvetet välja att fokusera på det som stärker och inspirerar dig, oavsett vilken situation du befinner dig i.

För att börja integrera positivitet i ditt liv behöver du först se över hur du tänker och agerar i olika delar av din vardag. Ta en stund för att reflektera över områden som arbete, relationer, hälsa och fritid. Vilka av dessa känns naturligt positiva för dig? Finns det områden där du ofta känner frustration, oro eller missnöje? Att identifiera dessa mönster är det första steget mot att göra en förändring.

Låt oss börja med arbetet, eftersom det är en stor del av livet för många. Arbetslivet kan vara fullt av stress och utmaningar, men det är också en plats där du har möjlighet att odla positivitet. Det kan handla om att fira små framgångar – som att avsluta ett projekt i tid eller lösa ett problem på ett kreativt sätt. Istället för att fokusera på vad som gick fel, välj att se vad som gick rätt och hur du kan bygga vidare på det. Om du till exempel har en utmanande dag, försök att avsluta den med att reflektera över något du lärde dig eller ett ögonblick där du kände dig stolt över dina insatser. Genom att skifta ditt fokus från frustration till uppskattning kan du börja skapa en mer positiv arbetsmiljö för dig själv och dina kollegor.

Relationer är ett annat viktigt område där positivitet kan göra en enorm skillnad. Våra relationer påverkar hur vi mår, tänker och agerar, och att integrera positivitet i dem kan förbättra både vår egen lycka och våra band med andra. En enkel men kraftfull övning är att börja varje interaktion med en intention att bidra med något positivt. Det kan vara ett leende, en vänlig kommentar eller helt enkelt att vara fullt närvarande och lyssna utan att döma. Om du har en konflikt med någon, försök att se det som en möjlighet att lära och växa tillsammans snarare än en kamp där någon måste vinna. Genom att närma dig dina relationer med positivitet kan du skapa starkare, mer meningsfulla kopplingar.

Hälsa är ett område där positivitet ofta förbises. Många av oss har en tendens att se på vår hälsa med en kritisk blick – vi fokuserar på vad vi inte gör tillräckligt bra, eller vad vi borde förbättra. Men vad händer om du istället väljer att uppskatta vad din kropp gör för dig varje dag? Att kunna gå, andas, röra dig och uppleva världen är saker vi ofta tar för givna. Att odla positivitet i din relation till din kropp handlar om att ge den näring, rörelse och vila på ett sätt som känns bra för dig. Det handlar också om att vara snäll mot dig själv när du inte når dina mål. Positivitet inom hälsa är inte att vara perfekt – det är att ta hand om dig själv på ett sätt som stärker dig, både fysiskt och mentalt.

När det gäller fritid och hur du spenderar din lediga tid, är positivitet något som kan hjälpa dig att hitta mer glädje och mening. Fråga dig själv: Vad ger mig energi? Vad får mig att känna mig levande? Oavsett om det är att läsa en bok, måla, promenera i naturen eller spendera tid med vänner, försök att prioritera aktiviteter som får dig att må bra. Positivitet i fritiden handlar om att välja glädje och att skapa utrymme för de saker som verkligen betyder något för dig. Det kan också innebära att säga nej till saker som dränerar dig eller som du gör av plikt snarare än glädje.

En viktig aspekt av att integrera positivitet i alla områden i livet är att vara medveten om hur du möter motgångar. Livet är inte alltid enkelt, och det är naturligt att stöta på svårigheter. Men genom att närma dig dessa med ett positivt tankesätt kan du omvandla utmaningar till möjligheter. Nästa gång du möter ett problem, fråga dig själv: "Vad kan jag lära mig av detta?" eller "Hur kan jag växa genom den här erfarenheten?" Genom att se motgångar som en del av din resa, snarare än som hinder, kan du hitta mening och styrka även i de svåraste stunderna.

Det är också viktigt att vara konsekvent. Positivitet är inte något du bara kan använda när det känns enkelt eller bekvämt. Det är en vana som måste odlas och förstärkas varje dag. Små handlingar, som att tacka någon för deras hjälp, le mot en främling eller ta en stund för att reflektera över vad du uppskattar i ditt liv, kan ha en stor inverkan. Genom att kontinuerligt välja positivitet, även i små ögonblick, bygger du upp en stark grund som genomsyrar hela ditt liv.

Slutligen, kom ihåg att integrera positivitet inte handlar om att vara perfekt. Det handlar om att göra medvetna val som stärker dig och andra, även när det är svårt. Positivitet är en process, inte ett mål. Det handlar om att ta ett steg i taget och att vara tålmodig med dig själv när du navigerar livets upp- och nedgångar. Genom att låta positivitet bli en naturlig del av hur du tänker, känner och agerar, kan du skapa ett liv som inte bara är fullt av glädje och mening, utan också styrka och resiliens. Och det bästa av allt? Du kan börja här och nu, med ett enda positivt val.

Kapitel 4: Stärka ditt sinne genom utmaningar och motgångar

1.Omformulera misslyckanden som lärdomar

Misslyckanden. Bara ordet kan få oss att känna oss små, osäkra och kanske till och med skamsna. Vi har alla varit där – ett viktigt projekt som inte blev som vi hade hoppats, en relation som gick i kras, eller ett mål vi inte lyckades uppnå trots våra ansträngningar. I dessa stunder är det lätt att fastna i känslan av nederlag och låta det definiera oss. Men vad om vi kunde se misslyckanden på ett annat sätt? Vad om vi kunde omformulera dem, inte som slutpunkter, utan som viktiga steg i vår resa mot tillväxt och framgång?

Att omformulera misslyckanden som lärdomar börjar med att förstå att misslyckanden är en oundviklig del av livet. De händer oss alla, oavsett hur mycket vi planerar eller hur hårt vi arbetar. Men istället för att se dem som tecken på våra brister, kan vi välja att se dem som möjligheter att lära oss något nytt – om oss själva, om andra och om världen runt oss. Varje misslyckande bär med sig en lektion, och det är upp till oss att upptäcka den.

Tänk dig att du står inför ett misslyckande. Kanske har du försökt att starta ett företag, men det gick inte som du hoppades. Din första reaktion kanske är att tänka: "Jag är inte tillräckligt bra. Jag borde aldrig ha försökt." Men om du stannar upp och tittar närmare, kan du börja ställa frågor som: "Vad fungerade bra, och vad kunde jag ha gjort annorlunda?" eller "Vad har jag lärt mig som jag kan använda nästa gång?" Kanske insåg du att du behöver bättre planering eller mer stöd från andra. Kanske upptäckte du att ditt mål inte var rätt för dig, och att det finns något annat som passar bättre. Genom att reflektera på detta sätt, omvandlar du misslyckandet från något som håller dig tillbaka till något som hjälper dig att växa.

Historien är full av exempel på människor som har omvandlat sina misslyckanden till framgångar. Thomas Edison, som uppfann glödlampan, är ett av de mest välkända exemplen. Han sa en gång: "Jag har inte misslyckats. Jag har bara hittat 10 000 sätt som inte fungerar." Varje gång hans experiment misslyckades, lärde han sig något nytt som tog honom ett steg närmare framgång. Denna inställning – att se varje misslyckande som en del av processen – är nyckeln till att stärka ditt sinne och fortsätta framåt, oavsett vilka hinder du möter.

Men att omformulera misslyckanden handlar inte bara om att tänka positivt. Det kräver att vi är ärliga med oss själva och vågar titta på vad som gick fel. Det kan vara obekvämt, men det är en nödvändig del av lärandeprocessen. När vi undviker att erkänna våra misstag, berövar vi oss själva möjligheten att lära oss av dem. Genom att möta våra misslyckanden med öppenhet och nyfikenhet, kan vi börja se dem som tillfällen att utveckla nya färdigheter, bygga resiliens och bli starkare.

En annan viktig del av att omformulera misslyckanden är att släppa taget om perfektionism. Perfektionism kan få oss att tro att varje misstag är ett tecken på att vi inte är tillräckligt bra, men sanningen är att perfektion är en illusion. Ingen lyckas med allt på första försöket, och det är genom våra misstag som vi lär oss mest. Att acceptera att misslyckanden är en naturlig del av framgång kan hjälpa oss att ta fler risker, prova nya saker och våga sträva efter våra drömmar utan rädsla för att göra fel.

För att stärka ditt sinne genom att omformulera misslyckanden som lärdomar, kan du också skapa en vana av att fira dina framsteg – även de små. När du ser tillbaka på ett misslyckande, fråga dig själv: "Vad gjorde jag rätt? Vad kan jag vara stolt över?" Kanske försökte du något nytt, visade mod eller lärde dig något som kommer att vara värdefullt i framtiden. Genom att fokusera på det du har uppnått, snarare än det som gick fel, kan du bygga upp ditt självförtroende och din motivation att fortsätta framåt.

Ett praktiskt verktyg som kan hjälpa dig att omformulera misslyckanden är att skriva ner dem och reflektera över vad du har lärt dig. Efter varje utmaning, ta några minuter för att notera vad som hände, hur du kände dig och vad du skulle göra annorlunda nästa gång. Denna process hjälper dig inte bara att bearbeta dina känslor, utan den ger dig också insikter som du kan använda i framtiden. Med tiden kommer du att märka att misslyckanden inte längre känns lika skrämmande – de blir istället en naturlig och värdefull del av din resa.

Slutligen är det viktigt att komma ihåg att du inte är ensam i dina misslyckanden. Alla går igenom dem, och de är en del av det som gör oss mänskliga. Genom att dela dina erfarenheter med andra kan du inte bara få stöd och nya perspektiv, utan också hjälpa andra att inse att misslyckanden inte är slutet, utan början på något nytt.

Att omformulera misslyckanden som lärdomar är en kraftfull strategi för att stärka ditt sinne och skapa en mer positiv och motståndskraftig inställning till livet. Det handlar om att välja att se varje hinder som en möjlighet, varje misstag som en lärdom och varje nederlag som ett steg mot framgång. Genom att möta dina misslyckanden med öppenhet, reflektion och nyfikenhet, kan du omvandla dem från något som håller dig tillbaka till något som driver dig framåt – och på så sätt bli den starkaste och bästa versionen av dig själv.

2. Tekniker för att hålla sig lugn i svåra tider

Livet är fullt av utmaningar, och ibland känns det som att vi står mitt i en storm utan att veta vilket håll vi ska vända oss åt. När vi möter svåra tider är det naturligt att känna sig överväldigad, stressad eller orolig. Men det är just i dessa stunder som förmågan att hålla sig lugn blir en ovärderlig resurs. Att kunna behålla sitt lugn handlar inte om att ignorera problem eller förneka sina känslor – det handlar om att skapa en inre stabilitet som hjälper oss att navigera genom stormen med klarhet och styrka. Här är några tekniker som kan hjälpa dig att hitta och behålla lugnet, oavsett vilka utmaningar du står inför.

En av de mest grundläggande teknikerna är att fokusera på din andning. När vi är stressade tenderar vår andning att bli snabb och ytlig, vilket signalerar till kroppen att vi är i fara. Genom att medvetet sakta ner andningen och ta djupa, långsamma andetag kan vi aktivera kroppens parasympatiska nervsystem – den del av nervsystemet som ansvarar för avslappning och återhämtning. Prova att ta ett djupt andetag in genom näsan, räkna till fyra, håll andan i fyra sekunder och andas sedan ut långsamt genom munnen i ytterligare fyra sekunder. Upprepa detta några gånger tills du känner hur spänningen börjar släppa. Denna enkla övning kan göras var som helst och fungerar som en snabb pausknapp för ditt sinne.

En annan kraftfull teknik är att använda mindfulness för att förankra dig i nuet. När vi möter svåra tider, fastnar vi ofta i tankar om det förflutna – vad vi kunde ha gjort annorlunda – eller oroar oss för framtiden och vad som kan hända. Mindfulness handlar om att flytta fokus till det som händer här och nu. Ett enkelt sätt att göra detta är att uppmärksamma dina sinnen. Vad ser du runt omkring dig? Vilka ljud hör du? Hur känns marken under dina fötter? Genom att fokusera på dessa detaljer kan du skapa en känsla av närvaro och bryta spiralen av oro.

Ett annat sätt att hålla sig lugn är att använda positiva visualiseringar. När vi befinner oss i en svår situation, är det lätt att låta våra tankar dras till katastrofscenarier. Men genom att medvetet föreställa oss ett positivt utfall kan vi skifta vårt fokus och stärka vår känsla av hopp. Tänk dig att du står inför ett viktigt möte som du är nervös för. Istället för att föreställa dig allt som kan gå fel, ta ett ögonblick för att visualisera hur du går in i rummet med självförtroende, hur du kommunicerar tydligt och hur mötet slutar på ett framgångsrikt sätt. Denna typ av visualisering hjälper inte bara till att lugna dina nerver, utan den förbereder också ditt sinne för att agera i linje med det positiva scenariot.

Att skriva ner dina tankar och känslor är en annan teknik som kan hjälpa dig att hitta lugn. I svåra tider kan det kännas som att våra tankar är som en oändlig flod som vi inte kan kontrollera. Genom att sätta ord på det vi känner och skriva ner det på papper, kan vi skapa struktur och klarhet. Börja med att fråga dig själv: "Vad är det som oroar mig just nu?" och låt orden flöda fritt utan att censurera dig själv. När du har skrivit ner dina tankar, fråga dig själv: "Vad kan jag göra åt detta, och vad ligger utanför min kontroll?" Genom att identifiera vad du kan påverka, kan du börja ta små steg mot en lösning, medan du släpper taget om det du inte kan förändra.

En annan teknik som ofta förbises är att röra på kroppen. Stress och oro är inte bara mentala tillstånd – de påverkar också kroppen. När vi känner oss spända kan fysisk aktivitet hjälpa oss att frigöra denna energi och återställa balansen. Det behöver inte vara något avancerat; en enkel promenad i naturen, några minuter av stretching eller att dansa till din favoritmusik kan göra underverk. Rörelse hjälper också till att frigöra endorfiner, kroppens naturliga "må bra"-hormoner, som kan förbättra ditt humör och minska känslan av stress.

Att prata med någon du litar på är också en ovärderlig teknik för att behålla lugnet. När vi håller våra problem för oss själva, kan de kännas tyngre och mer överväldigande. Men när vi delar våra tankar och känslor med någon annan, kan det hjälpa oss att se situationen från ett nytt perspektiv och känna oss mindre ensamma. Det behöver inte vara en lång eller djup konversation – ibland räcker det med att någon lyssnar och visar förståelse.

Slutligen, glöm inte att ta hand om dig själv. I svåra tider är det lätt att prioritera bort våra egna behov, men det är just då vi behöver självomsorg som mest. Se till att du får tillräckligt med sömn, äter näringsrik mat och tar tid för saker som ger dig glädje och avkoppling. Självomsorg är inte en lyx – det är en nödvändighet för att kunna hantera livets utmaningar på ett hållbart sätt.

Att hålla sig lugn i svåra tider handlar inte om att eliminera stress eller obehag, utan om att hitta sätt att möta dem med inre styrka och stabilitet. Genom att använda tekniker som medveten andning, mindfulness, positiva visualiseringar, skrivande, rörelse och stöd från andra, kan du skapa en verktygslåda som hjälper dig att navigera genom livets stormar med större lätthet och klarhet. Och kom ihåg – lugn är inte något du behöver vänta på att känna. Det är något du kan skapa, ett andetag i taget.

3.Lära sig av misstag och gå vidare

Misstag är en naturlig del av livet. Trots det har många av oss en tendens att se dem som något att undvika till varje pris, eller som bevis på våra tillkortakommanden. Men tänk om vi kunde se misstag på ett annat sätt – som ovärderliga läromästare, snarare än hinder? Att lära sig av misstag och gå vidare är en förmåga som inte bara hjälper oss att växa som individer, utan också stärker vårt självförtroende och vår förmåga att hantera framtida utmaningar.

För att verkligen dra lärdom av ett misstag är det första steget att acceptera det. Detta kan låta enkelt, men det är ofta den svåraste delen. Många av oss reagerar på misstag med självkritik, skam eller förnekelse. Vi kanske tänker: "Hur kunde jag vara så dum?" eller "Om jag ignorerar det här, kanske det bara försvinner." Men sanningen är att vi inte kan lära oss av något vi inte erkänner. Genom att acceptera att misstag är en naturlig del av att vara människa, ger vi oss själva tillåtelse att växa.

När vi har accepterat ett misstag, kan vi börja reflektera över vad som gick fel. Det handlar inte om att slå ner på oss själva, utan om att undersöka situationen med nyfikenhet och öppenhet. Fråga dig själv: "Vad var det som hände?" och "Vad kunde jag ha gjort annorlunda?" Kanske insåg du att du behövde bättre förberedelser, mer tålamod eller tydligare kommunikation. Genom att analysera misstaget utan att döma dig själv, kan du identifiera de lärdomar som kan hjälpa dig att undvika liknande situationer i framtiden.

Ett viktigt steg i att lära sig av misstag är att sätta det i ett större perspektiv. I stunden kan ett misstag kännas som världens undergång, men när vi tar ett steg tillbaka, ser vi ofta att det bara är en liten del av en mycket större bild. Tänk på hur många gånger du har gjort misstag tidigare, och hur du har kommit igenom dem. Kanske inser du att många av de saker du oroade dig för inte hade så stor betydelse i det långa loppet. Detta perspektiv hjälper oss att minska känslan av tyngd och stress som ofta följer med misstag.

Ett annat sätt att dra nytta av misstag är att se dem som en del av en pågående inlärningsprocess. Precis som när vi lärde oss att cykla eller skriva som barn, innebär varje misstag en möjlighet att bli bättre. Ingen förväntar sig att en nybörjare ska lyckas perfekt på första försöket, och ändå ställer vi ofta orimliga krav på oss själva som vuxna. Genom att se misstag som en del av resan, snarare än som tecken på misslyckande, kan vi bli mer tålmodiga och förlåtande mot oss själva.

Förmågan att gå vidare efter ett misstag är lika viktig som att lära sig av det. Det är lätt att fastna i ältande och låta tankarna kretsa kring vad som kunde ha varit annorlunda. Men detta hindrar oss från att ta nästa steg. För att gå vidare, börja med att fråga dig själv: "Vad är nästa bästa steg jag kan ta?" Kanske är det att försöka igen med ny strategi, eller att fokusera på ett annat mål medan du bearbetar vad som hänt. Att ta små, konkreta steg framåt hjälper dig att bryta mönstret av ältande och återfå kontrollen över situationen.

Ett annat verktyg för att gå vidare är att påminna dig själv om dina styrkor och framgångar. Ett misstag definierar inte hela dig eller dina förmågor. Ta en stund för att reflektera över de saker du har gjort bra, de utmaningar du har övervunnit och de egenskaper som har hjälpt dig att komma dit du är idag. Denna påminnelse om dina styrkor hjälper dig att bygga upp ditt självförtroende och motiverar dig att fortsätta framåt.

Det är också viktigt att komma ihåg att misstag ofta leder till oväntade möjligheter. Många av de största innovationerna och framgångarna i historien har sitt ursprung i misstag. Till exempel upptäcktes penicillin – ett av de mest betydelsefulla medicinska genombrotten – av en slump när Alexander Fleming märkte att en bakterieodling hade kontaminerats. Genom att vara öppen för de möjligheter som kan uppstå ur misstag, kan vi hitta nya vägar och lösningar som vi kanske aldrig hade tänkt på annars.

Slutligen, kom ihåg att förlåtelse spelar en avgörande roll i att lära sig av misstag och gå vidare. Förlåt dig själv för att du inte visste bättre vid tillfället, eller för att du inte agerade perfekt. Förlåtelse är inte att ignorera misstaget, utan att släppa taget om skulden och ge dig själv tillåtelse att växa. Genom att förlåta dig själv, skapar du utrymme för lärande och utveckling, istället för att fastna i negativa känslor.

Att lära sig av misstag och gå vidare är en färdighet som kan stärkas med övning. Det handlar om att acceptera det som har hänt, reflektera över vad du kan lära dig, och sedan ta steg framåt med en känsla av styrka och hopp. Livet handlar inte om att undvika misstag, utan om att använda dem som stegstenar på vägen mot något större. Och när vi väl har bemästrat konsten att lära av våra misstag, inser vi att varje misstag, hur svårt det än kan verka i stunden, är en möjlighet att växa, utvecklas och bli den bästa versionen av oss själva.

4.Resiliensens roll i positivt tänkande

Livet är oförutsägbart. Det bjuder på fantastiska ögonblick av glädje och framgång, men också på stunder av utmaningar, motgångar och förlust. Vad är det då som gör att vissa människor kan navigera genom livets upp- och nedgångar med en känsla av hopp och styrka, medan andra känner sig fast i oro och förtvivlan? Svaret ligger i resiliens – förmågan att återhämta sig och gå framåt trots svårigheter. Och resiliens spelar en avgörande roll för att upprätthålla ett positivt tänkande.

Resiliens är inte en medfödd egenskap som vissa har och andra saknar. Det är en färdighet som kan tränas och stärkas genom medvetna val och handlingar. Den fungerar som en mental och känslomässig buffert som skyddar oss när vi möter livets utmaningar. Genom att bygga resiliens kan vi inte bara hantera motgångar bättre, utan också upprätthålla ett positivt tankesätt som hjälper oss att se möjligheter och lösningar där andra ser problem.

En av de viktigaste aspekterna av resiliens är att kunna acceptera verkligheten som den är. Det betyder inte att vi måste gilla eller vara nöjda med svåra situationer, utan att vi erkänner dem för vad de är. När vi möter en utmaning, som ett förlorat jobb eller en personlig konflikt, är det lätt att fastna i tankar som "Varför händer detta mig?" eller "Det borde inte vara så här." Men resiliens handlar om att skifta fokus från vad som borde vara, till vad som faktiskt är. Genom att acceptera situationen kan vi börja tänka klart och hitta sätt att ta itu med den på ett konstruktivt sätt.

En annan nyckel till resiliens är att utveckla en känsla av syfte och mening. När vi har en klar bild av vad som är viktigt för oss – våra värderingar, mål och drömmar – blir det lättare att hålla fast vid ett positivt tankesätt, även när vi stöter på hinder. Tänk dig till exempel en person som arbetar mot att starta sitt eget företag. Även om de möter motgångar, som ekonomiska svårigheter eller avslag, kan deras fokus på det långsiktiga målet ge dem styrka att fortsätta. Genom att koppla våra handlingar till en djupare mening, skapar vi en inre styrka som hjälper oss att stå emot livets stormar.

Sociala relationer spelar också en viktig roll i att bygga resiliens. Ingen kan hantera livets utmaningar helt ensam. Att ha ett stödjande nätverk av vänner, familj eller kollegor ger oss inte bara praktisk hjälp, utan också emotionellt stöd som hjälper oss att känna oss mindre ensamma i våra svårigheter. När vi delar våra bekymmer och framgångar med andra, stärker vi vår känsla av tillhörighet och får nya perspektiv som kan hjälpa oss att se situationer i ett ljusare perspektiv. Genom att aktivt vårda våra relationer kan vi bygga en solid grund för både resiliens och positivt tänkande.

Resiliens handlar också om att vara flexibel och anpassningsbar. Livet går sällan enligt plan, och vår förmåga att anpassa oss till förändringar är avgörande för att upprätthålla ett positivt tankesätt. När vi möter en oväntad utmaning, som en plötslig sjukdom eller ett ändrat arbetsvillkor, kan vi välja att se det som ett hinder eller som en möjlighet att lära och växa. Genom att vara öppna för nya sätt att tänka och agera, kan vi omvandla utmaningar till tillfällen för utveckling och framsteg.

En annan viktig aspekt av resiliens är att vårda vårt fysiska och mentala välbefinnande. När vi tar hand om vår kropp genom att äta näringsrik mat, motionera regelbundet och få tillräckligt med sömn, stärker vi inte bara vår fysiska hälsa, utan också vår förmåga att hantera stress och motgångar. På samma sätt är det viktigt att ta hand om vårt mentala välbefinnande genom att praktisera mindfulness, meditera eller delta i aktiviteter som ger oss glädje och avkoppling. När vi är i balans fysiskt och mentalt, har vi en starkare grund att stå på när livet blir utmanande.

Positivt tänkande och resiliens är nära sammankopplade. Positivt tänkande hjälper oss att bygga resiliens genom att skifta vårt fokus från vad vi inte kan kontrollera till vad vi faktiskt kan göra. Samtidigt stärker resiliens vårt positiva tänkande genom att ge oss de verktyg vi behöver för att navigera genom svårigheter utan att förlora hoppet. Det är en positiv spiral där varje aspekt förstärker den andra.

För att stärka resiliens i ditt eget liv, börja med små steg. Reflektera över de utmaningar du har mött tidigare och hur du tog dig igenom dem. Vilka styrkor använde du? Vilka lärdomar tog du med dig? Genom att känna igen din egen förmåga att hantera svårigheter, bygger du upp ditt självförtroende och din tro på att du kan klara vad som än kommer i din väg.

Slutligen, kom ihåg att resiliens inte handlar om att vara stark hela tiden eller att aldrig känna sig överväldigad. Det handlar om att ha förmågan att resa sig igen, att hitta hopp och mening även i de svåraste stunderna, och att fortsätta framåt med ett öppet hjärta och sinne. När vi bygger resiliens, bygger vi inte bara en förmåga att hantera livet – vi bygger en plattform för positivitet, glädje och framgång som kan bära oss genom allt som kommer vår väg. Resiliens är inte slutdestinationen, utan resan som gör oss starkare, mer medvetna och mer tacksamma för livet i dess helhet.

Kapitel 5: Vetenskapen om positiv visualisering

1.Förstå visualisering och dess påverkan på sinnet

Har du någonsin drömt dig bort till en plats du älskar, förestält dig känslan av framgång innan den faktiskt inträffat, eller tänkt dig hur det skulle vara att uppnå ett mål? Om svaret är ja, har du redan praktiserat en form av visualisering. Visualisering är en mental teknik där vi medvetet skapar inre bilder av framtida händelser eller önskade resultat. Det är inte bara en kreativ övning – forskning visar att visualisering kan ha en kraftfull effekt på vårt sinne, vår kropp och vår förmåga att nå våra mål.

För att förstå varför visualisering fungerar, måste vi först förstå hur hjärnan reagerar på våra tankar och bilder. När vi föreställer oss något levande och detaljerat, aktiveras samma områden i hjärnan som när vi faktiskt upplever det i verkligheten. Om du till exempel blundar och föreställer dig att du äter en saftig citron, känner du kanske hur det börjar vattnas i munnen – trots att det bara är en bild i ditt sinne. På samma sätt kan vi använda visualisering för att träna hjärnan att förbereda sig för framtida situationer, stärka vårt självförtroende och skapa en känsla av kontroll över våra liv.

Visualisering påverkar inte bara vårt sinne, utan även vår kropp. När vi visualiserar oss själva göra något, som att hålla ett viktigt tal eller springa ett lopp, skickar hjärnan signaler till våra muskler som liknar de som skickas när vi faktiskt utför handlingen. Detta kallas för "mentala repetitioner," och det är en teknik som används av idrottare världen över för att förbättra sin prestation. Genom att repetera en handling i vårt sinne, skapar vi en slags "mental karta" som gör det lättare för oss att agera på samma sätt i verkligheten. Det är som att öva utan att faktiskt behöva göra det fysiskt – och resultaten kan vara lika effektiva.

Men visualisering handlar inte bara om att förbereda sig för specifika uppgifter eller mål. Det kan också hjälpa oss att förändra vårt tankesätt och skapa en mer positiv syn på livet. När vi föreställer oss en framtid där vi är framgångsrika, glada och tillfreds, börjar hjärnan automatiskt leta efter sätt att göra denna vision verklig. Detta kallas för "självuppfyllande profetior." När vi tror på en positiv framtid, agerar vi på ett sätt som gör det mer sannolikt att den faktiskt blir verklighet. Visualisering hjälper oss att skapa en mental bild av den person vi vill vara, och det ger oss motivationen och riktningen att börja ta steg i den riktningen.

Forskning inom positiv psykologi har också visat att visualisering kan minska stress och öka känslan av välbefinnande. När vi står inför en utmaning, som ett viktigt beslut eller en svår situation, kan visualisering hjälpa oss att känna oss mer lugna och självsäkra. Genom att föreställa oss ett framgångsrikt utfall, skickar vi signaler till hjärnan att situationen är hanterbar, vilket minskar känslan av oro och osäkerhet. Det är som att ge hjärnan en förhandsvisning av framgång – och det skapar en känsla av trygghet och kontroll.

Ett av de mest fascinerande aspekterna av visualisering är att den inte är begränsad till individer med stark fantasi eller kreativitet. Alla kan använda visualisering, och det kräver ingen särskild talang eller erfarenhet. Nyckeln är att göra bilderna så levande och detaljerade som möjligt. När du visualiserar, försök att använda alla dina sinnen. Om du till exempel föreställer dig att du går längs en strand, tänk på hur sanden känns under dina fötter, ljudet av vågorna, doften av salt i luften och solen som värmer din hud. Ju mer detaljerad din bild är, desto starkare blir dess effekt på ditt sinne och din kropp.

För att börja använda visualisering i ditt eget liv, börja med något enkelt. Tänk på ett mål eller en situation som är viktig för dig, och föreställ dig hur det skulle kännas att lyckas. Var skulle du vara? Vad skulle du se, höra eller känna? Ta dig tid att verkligen uppleva detta i ditt sinne, som om det redan har hänt. Gör detta till en daglig rutin, kanske på morgonen när du vaknar eller på kvällen innan du somnar. Ju mer du övar, desto starkare blir effekten.

Det är också viktigt att komma ihåg att visualisering inte är en magisk lösning som automatiskt uppfyller våra önskningar. Det är ett verktyg som hjälper oss att skapa rätt inställning och förbereda oss mentalt, men det kräver också handling. När du visualiserar ett mål, tänk på vilka konkreta steg du kan ta för att komma närmare det. Visualisering hjälper dig att tro på dina möjligheter, men det är genom handling som du faktiskt gör dem verkliga.

En annan kraftfull aspekt av visualisering är att använda den för att hantera utmaningar och motgångar. Istället för att bara föreställa dig framgång, kan du också visualisera hur du hanterar svåra situationer med lugn och styrka. Tänk dig till exempel att du står inför en konflikt med en kollega. Föreställ dig hur du kommunicerar tydligt och respektfullt, och hur situationen löser sig på ett positivt sätt. Genom att förbereda dig mentalt på detta sätt, är du bättre rustad att möta verkligheten när den inträffar.

Visualisering är inte bara en teknik – det är en färdighet som kan förändra hur vi tänker, känner och agerar. Genom att förstå dess kraft och börja använda den i vårt dagliga liv, kan vi inte bara skapa en mer positiv framtid för oss själva, utan också bli mer medvetna och närvarande i nuet. Oavsett om du använder visualisering för att uppnå ett specifikt mål, hantera stress eller helt enkelt skapa en mer positiv inställning, är det ett verktyg som kan hjälpa dig att nå nya nivåer av framgång och välbefinnande. Och det bästa av allt? Allt du behöver är din egen fantasi och viljan att prova.

2.Tekniker för att tydligt visualisera mål

Att visualisera sina mål är som att skapa en karta för sin framtid. Det handlar inte bara om att drömma stort, utan om att medvetet och detaljerat föreställa sig den resa som leder till framgång. En tydlig visualisering fungerar som en kompass som styr våra tankar, handlingar och beslut i rätt riktning. Men för att visualisering verkligen ska vara effektiv, måste den vara levande och specifik. Här är några tekniker som hjälper dig att skapa en kristallklar bild av dina mål och göra dem till en kraftfull drivkraft i ditt liv.

För att börja visualisera ett mål tydligt, måste du först definiera det på ett konkret sätt. Det räcker inte att säga: "Jag vill bli framgångsrik" eller "Jag vill vara lycklig." Fundera istället på vad framgång eller lycka betyder för dig. Om ditt mål är att starta ett eget företag, föreställ dig exakt vad det innebär. Vilken typ av företag är det? Hur ser din arbetsdag ut? Hur känns det att arbeta med något du älskar? Genom att göra ditt mål specifikt, ger du hjärnan en tydligare bild att arbeta med, vilket ökar chanserna att du faktiskt når dit.

När du har definierat ditt mål, är nästa steg att använda alla dina sinnen för att göra visualiseringen så verklighetstrogen som möjligt. Föreställ dig inte bara hur ditt mål ser ut, utan också hur det låter, känns, luktar och smakar. Om ditt mål är att springa ett maraton, tänk dig känslan av vinden mot ditt ansikte, ljudet av publikens jubel och doften av frisk morgonluft. Genom att inkludera dessa detaljer skapar du en starkare koppling mellan ditt mål och din hjärna, vilket gör det mer motiverande och påtagligt.

En annan viktig teknik är att inte bara visualisera slutmålet, utan också de steg som leder dit. Många gör misstaget att endast fokusera på det ögonblick då de når sitt mål, men det är vägen dit som kräver mest arbete och uthållighet. Om ditt mål är att skriva en bok, föreställ dig inte bara att hålla den färdiga boken i dina händer, utan också hur du sitter vid skrivbordet varje dag, fyller sida efter sida med text. Genom att visualisera processen, förbereder du dig mentalt för de utmaningar som kan uppstå och stärker din förmåga att hålla fast vid din plan.

Det är också kraftfullt att använda en teknik som kallas "omvänd visualisering." Istället för att börja med ditt nuvarande tillstånd och tänka framåt mot målet, föreställ dig att du redan har uppnått det och titta bakåt.

Tänk dig att du står där, på toppen av berget, och reflekterar över hur du kom dit. Vilka steg tog du? Vilka utmaningar övervann du? Vilka beslut var avgörande? Denna metod hjälper dig att identifiera de åtgärder och resurser som är nödvändiga för att nå ditt mål och ger dig en tydlig handlingsplan.

En annan teknik för att tydligt visualisera mål är att skapa en fysisk representation av din vision. Detta kan vara en visionstavla där du samlar bilder, ord och symboler som representerar ditt mål. Om du till exempel drömmer om att resa jorden runt, fyll din tavla med bilder av destinationer, flygbiljetter och citat som inspirerar dig. Att ha en visuell påminnelse på en plats där du ser den varje dag hjälper dig att hålla ditt fokus och motivation vid liv. Det fungerar som en konstant påminnelse om vad du arbetar för och varför det är viktigt för dig.

Att skriva ner dina mål är också en kraftfull metod för att stärka din visualisering. När du sätter ord på dina drömmar, tvingar du dig själv att tänka igenom dem noggrant och definiera dem klart och tydligt. Skriv ner ditt mål i nutid, som om det redan har uppnåtts. Istället för att skriva "Jag vill starta ett eget företag," skriv "Jag driver ett framgångsrikt företag som ger mig glädje och frihet." Denna enkla förändring i hur du formulerar dina mål skickar en signal till hjärnan att detta inte bara är en dröm, utan en verklighet som du aktivt arbetar mot.

Ett annat effektivt sätt att förstärka din visualisering är att kombinera den med känslor. Tänk inte bara på hur det ser ut att nå ditt mål, utan också på hur det känns. Känslan av stolthet, glädje, eller tillfredsställelse är starka drivkrafter som kan hjälpa dig att hålla dig motiverad. Om du till exempel visualiserar att du tar examen från en utbildning, föreställ dig inte bara ceremonin, utan också känslan av att ha klarat det, hur dina nära och kära gratulerar dig och hur du firar din prestation.

Slutligen, gör visualisering till en daglig rutin. Precis som fysisk träning stärker kroppen, stärker mental träning ditt sinne. Ta några minuter varje morgon eller kväll för att sätta dig i en lugn miljö och fokusera på dina mål. Blunda och låt bilderna spela upp sig i ditt sinne som en film. Varje gång du gör detta, förstärker du kopplingen mellan ditt sinne och dina mål, vilket gör dem mer verkliga och uppnåeliga.

Visualisering är inte bara en övning i fantasi – det är ett verktyg som hjälper dig att skapa en tydlig och inspirerande vision för din framtid. Genom att använda dessa tekniker kan du inte bara se dina mål framför dig, utan också känna dem, tro på dem och börja arbeta för att göra dem till verklighet. Och ju tydligare din vision är, desto närmare kommer du att komma det liv du drömmer om.

3. Visualiseringsövningar för att attrahera framgång

Visualisering är ett kraftfullt verktyg som kan hjälpa dig att attrahera framgång och skapa den framtid du drömmer om. Genom att medvetet och detaljerat föreställa dig det du vill uppnå, kan du påverka ditt sinne, dina känslor och dina handlingar på ett sätt som gör dina mål mer verkliga och tillgängliga. Men visualisering handlar inte bara om att tänka positiva tankar – det handlar om att skapa en mental bild som är så levande och specifik att den fungerar som en karta mot din framgång. Här är några effektiva övningar som kan hjälpa dig att använda visualisering för att attrahera det liv du vill ha.

En av de mest grundläggande visualiseringsövningarna är att skapa en "framtidsfilm" i ditt sinne. Börja med att hitta en lugn plats där du kan sitta bekvämt utan att bli störd. Blunda och föreställ dig att du ser en film där du själv är huvudpersonen. Filmen börjar med att du befinner dig precis där du vill vara i livet. Vad ser du? Vad gör du? Vilka människor omger dig? Tänk på varje detalj – färger, ljud, känslor – och låt bilden bli så levande som möjligt. När du har en tydlig bild, föreställ dig att du kliver in i filmen och upplever allt från första person. Hur känns det? Denna övning hjälper dig att inte bara se din framtid, utan också känna den, vilket skapar en starkare koppling mellan dig och dina mål.

En annan kraftfull övning är att visualisera framgång genom tacksamhet. Istället för att bara tänka på vad du vill uppnå, föreställ dig att du redan har det och känn tacksamhet för det. Om ditt mål är att få ett nytt jobb, föreställ dig att du vaknar på morgonen, går till din nya arbetsplats och känner dig tacksam för att du får göra något du älskar. Känn glädjen och tillfredsställelsen i att vara där du vill vara. Tacksamhet är en kraftfull emotion som förstärker visualiseringens effekt och hjälper dig att attrahera mer av det du uppskattar.

En mer praktisk visualiseringsövning är att använda en "mentalt dress rehearsal" för specifika situationer. Om du till exempel ska hålla en presentation, föreställ dig hur du går in i rummet med självförtroende, hur du talar klart och tydligt och hur publiken reagerar positivt. Se varje steg i detalj: hur du andas djupt innan du börjar, hur du möter blickarna i rummet och hur du avslutar med en känsla av framgång. Denna övning hjälper dig att förbereda dig mentalt och minskar nervositeten genom att hjärnan upplever situationen som bekant när den faktiskt inträffar.

För att attrahera långsiktig framgång kan du också skapa en

"visualiseringsrutin" som blir en del av din vardag. Börja varje morgon eller avsluta varje kväll med några minuters visualisering. Föreställ dig hur din dag kommer att se ut och hur du kommer att agera för att ta ett steg närmare ditt mål. Om du till exempel arbetar mot att förbättra din hälsa, föreställ dig hur du väljer hälsosam mat, njuter av motion och känner dig stark och energisk. Genom att göra detta till en vana, programmerar du ditt sinne att fokusera på framgång varje dag.

En annan övning som kan hjälpa dig att attrahera framgång är att skapa en "visionstavla" och använda den som en del av din visualisering. En visionstavla är en samling av bilder, ord och symboler som representerar det liv du vill skapa. När du har skapat din tavla, ta några minuter varje dag för att titta på den och föreställa dig hur det skulle kännas att leva det liv som den representerar. Genom att kombinera den visuella påminnelsen med dina inre bilder, förstärker du kraften i din visualisering och håller ditt fokus på dina mål.

För att göra dina visualiseringar ännu mer effektiva, kombinera dem med affirmationer. Medan du visualiserar, säg positiva påståenden som förstärker din tro på att dina mål är möjliga att uppnå. Om ditt mål är att skriva en bok, kan du säga: "Jag är en framgångsrik författare som inspirerar andra med mina ord." Dessa affirmationer fungerar som en påminnelse om din kapacitet och stärker den positiva energi som din visualisering skapar.

En annan teknik är att använda visualisering för att övervinna hinder. Istället för att bara föreställa dig framgång, tänk också på de utmaningar du kan möta på vägen och hur du kommer att hantera dem. Om ditt mål är att starta ett företag, föreställ dig hur du löser problem som finansiering eller marknadsföring med kreativitet och beslutsamhet. Genom att förbereda dig mentalt för dessa hinder, bygger du upp en känsla av resiliens och ökar din förmåga att hålla dig motiverad även när det blir svårt.

Slutligen, kom ihåg att visualisering inte är en passiv övning. Det är en metod för att skapa klarhet och fokus, men det kräver också handling. När du visualiserar dina mål, fråga dig själv: "Vad kan jag göra idag för att ta ett steg närmare detta?" Visualisering hjälper dig att skapa en stark mental bild av framgång, men det är genom dina handlingar som du gör den till verklighet.

Att använda visualiseringsövningar för att attrahera framgång är en process som kräver tid och engagemang. Men ju mer du övar, desto starkare blir kopplingen mellan dina drömmar och din verklighet. Genom att skapa en tydlig och levande bild av det liv du vill leva, stärker du din tro på att det är möjligt, och du tar de nödvändiga stegen för att göra det till verklighet. Visualisering är inte bara en dröm – det är en aktiv handling som kan förvandla din framtid.

Och det bästa av allt? Du kan börja redan idag.

4.Att integrera visualisering i vardagen

Visualisering är en kraftfull teknik som kan hjälpa dig att forma ditt liv och nå dina mål, men för att verkligen dra nytta av dess potential måste den bli en naturlig del av din vardag. Precis som fysisk träning stärker kroppen, stärker regelbunden visualisering ditt sinne och din tro på vad som är möjligt. Genom att integrera visualisering i din dagliga rutin kan du skapa en mental struktur som hjälper dig att fokusera på det du vill uppnå, oavsett vilka utmaningar du möter. Men hur gör man detta på ett sätt som känns enkelt och hållbart? Här är nyckeln till att göra visualisering till en naturlig del av ditt liv.

Det första steget för att integrera visualisering i vardagen är att skapa en rutin. Hjärnan älskar rutiner eftersom de minskar behovet av att fatta beslut och gör det lättare att skapa nya vanor. Börja med att avsätta några minuter varje dag för visualisering – kanske på morgonen när du vaknar eller på kvällen innan du går och lägger dig. Välj en lugn plats där du kan sitta ostört, och gör detta till en stund av reflektion och fokus. Du behöver inte avsätta mycket tid; fem till tio minuter räcker för att skapa en positiv effekt.

När du väl har skapat en rutin är det viktigt att göra visualiseringen levande och meningsfull. Föreställ dig dina mål i detalj, och inkludera alla dina sinnen. Om du till exempel visualiserar att du uppnår ett viktigt karriärmål, tänk på hur det ser ut när du står på scenen och tar emot ett pris, hur applåderna låter, hur glädjen känns i kroppen och hur stoltheten fyller ditt hjärta. Ju mer detaljerad och levande din visualisering är, desto starkare blir dess påverkan på ditt sinne och din motivation.

För att göra visualisering ännu mer tillgänglig kan du koppla den till en befintlig vardaglig aktivitet. Detta kallas för "habit stacking" och innebär att du bygger en ny vana ovanpå en redan etablerad. Till exempel, medan du borstar tänderna på morgonen, föreställ dig hur din dag kommer att se ut och hur du framgångsrikt hanterar dina uppgifter. Eller när du tar en promenad, visualisera hur du tar ett steg närmare dina långsiktiga mål. Genom att integrera visualisering i de aktiviteter du redan gör, blir det lättare att upprätthålla vanan utan att det känns som ett extra krav.

Ett annat sätt att integrera visualisering i vardagen är att använda visuella påminnelser. Skapa en visionstavla med bilder, ord och symboler som representerar det du vill uppnå, och placera den någonstans där du ser den varje dag – kanske i ditt sovrum, på ditt skrivbord eller till och med som bakgrundsbild på din telefon. Varje gång du ser den, ta en stund för att föreställa dig hur det skulle kännas att uppnå dessa mål. Dessa små ögonblick av fokus stärker din koppling till dina mål och hjälper dig att hålla dem i förgrunden av ditt sinne.

För att visualisering ska bli en effektiv del av din vardag är det också viktigt att koppla den till handling. När du visualiserar dina mål, fråga dig själv: "Vad kan jag göra idag för att komma ett steg närmare detta?" Visualisering är inte en passiv process; det är en katalysator som hjälper dig att identifiera de handlingar och beslut som krävs för att nå dina drömmar. Om du till exempel visualiserar att du är i bättre fysisk form, kanske du bestämmer dig för att ta en rask promenad eller äta en hälsosam måltid. Genom att koppla visualisering till konkreta handlingar skapar du en bro mellan dina tankar och verkligheten.

Ett annat sätt att integrera visualisering är att använda det för att hantera utmaningar i realtid. När du står inför en svår situation, ta ett ögonblick för att föreställa dig hur du framgångsrikt navigerar genom den. Om du till exempel har ett svårt samtal framför dig, visualisera hur du förblir lugn och samlad, hur du uttrycker dig tydligt och hur samtalet slutar på ett positivt sätt. Denna typ av mental förberedelse hjälper dig att känna dig mer självsäker och ger dig verktygen att hantera situationen på bästa möjliga sätt.

En annan teknik för att göra visualisering till en del av vardagen är att använda journalföring som en förlängning av dina inre bilder. Varje dag, skriv ner vad du visualiserade och hur det fick dig att känna. Detta hjälper dig att förstärka kopplingen mellan dina mål och dina dagliga handlingar, och det ger dig också en möjlighet att reflektera över dina framsteg. Journalföring kan fungera som en kraftfull påminnelse om hur långt du har kommit och vad du arbetar mot.

Det är också viktigt att vara flexibel och anpassa visualisering till ditt liv och dina behov. Vissa dagar kanske du känner dig inspirerad att spendera mer tid på att visualisera dina mål, medan andra dagar kan det bara vara några sekunder av reflektion. Det viktigaste är inte mängden tid du ägnar åt visualisering, utan att du gör det till en konsekvent del av din dag. Genom att anpassa tekniken till din livsstil, gör du det mer sannolikt att du håller fast vid den över tid.

Slutligen, kom ihåg att visualisering är en process som kräver tålamod och uthållighet. Du kanske inte ser resultat omedelbart, men med tiden kommer du att märka hur det påverkar ditt sätt att tänka, känna och agera. Visualisering är som att plantera ett frö – det tar tid att gro, men med rätt näring och uppmärksamhet kan det växa till något vackert och kraftfullt.

Att integrera visualisering i vardagen handlar om att göra det till en naturlig del av hur du lever och tänker. Genom att skapa en rutin, använda visuella påminnelser, koppla den till handling och anpassa den till dina behov, kan du göra visualisering till ett verktyg som inte bara hjälper dig att nå dina mål, utan också gör din vardag mer meningsfull och inspirerande. Och det bästa av allt? Du kan börja idag – ett litet steg i taget, mot den framtid du vill skapa.

Kapitel 6: Praktisera förlåtelse och att släppa taget

1.Varför förlåtelse är avgörande för inre frid

Förlåtelse är ett av de mest kraftfulla verktygen för att uppnå inre frid, men det är också ett av de mest missförstådda. Många ser förlåtelse som något vi gör för någon annans skull – som ett sätt att ursäkta deras handlingar eller släta över en konflikt. Men i själva verket handlar förlåtelse lika mycket om oss själva. När vi bär på oförlåtna känslor, fastnar vi i en spiral av ilska, smärta och bitterhet som kan påverka vår mentala och fysiska hälsa. Att förlåta är inte att glömma eller rättfärdiga, utan att ge oss själva friheten att släppa taget om det som håller oss tillbaka.

Tänk på en situation där någon har sårat dig djupt. Kanske var det en vän som svek ditt förtroende, en kollega som tog äran för ditt arbete, eller en familjemedlem som inte fanns där när du behövde dem som mest. Varje gång du tänker på det, känns det som att såret rivs upp igen. Du kanske känner ilska, sorg eller till och med hat. Dessa känslor är naturliga, men om vi klamrar oss fast vid dem för länge, kan de bli en del av vår identitet. Vi börjar definiera oss själva genom det som hände, snarare än att låta det vara en del av vårt förflutna.

Förlåtelse är avgörande för inre frid eftersom det hjälper oss att bryta den här cykeln. När vi förlåter, tar vi tillbaka kontrollen över våra känslor och vår historia. Vi säger till oss själva: "Det här definierar inte mig. Jag är mer än det som hände." Förlåtelse är ett sätt att befria oss från det förflutnas grepp och skapa utrymme för helande och tillväxt.

Det är viktigt att förstå att förlåtelse inte är en engångshandling. Det är en process som tar tid och kräver tålamod. Ibland kan vi behöva förlåta samma person eller situation om och om igen, eftersom smärtan har en tendens att komma tillbaka. Men varje gång vi väljer att förlåta, stärker vi vår förmåga att släppa taget och gå vidare. Det är som att träna en muskel – ju mer vi övar, desto starkare blir vi.

Förlåtelse är också avgörande för vår mentala och fysiska hälsa. Forskning visar att människor som praktiserar förlåtelse har lägre nivåer av stress, bättre sömnkvalitet och en större känsla av välbefinnande. När vi bär på oförlåtna känslor, aktiveras kroppens stressreaktioner, vilket kan leda till kroniska hälsoproblem som högt blodtryck, hjärtsjukdomar och nedsatt immunförsvar. Genom att förlåta, ger vi inte bara vårt sinne, utan också vår kropp, en chans att läka.

Men hur förlåter vi när smärtan känns för stor? Ett första steg är att erkänna våra känslor och ge oss själva tillåtelse att sörja det som hände. Förlåtelse handlar inte om att förneka våra känslor, utan om att möta dem med ärlighet och medkänsla. Skriv ner vad du känner, prata med någon du litar på, eller ge dig själv tid att reflektera i ensamhet. Genom att ge våra känslor utrymme, kan vi börja förstå dem och gradvis släppa taget.

En annan viktig del av förlåtelse är att separera personen från handlingen. När någon sårar oss, är det lätt att se dem enbart genom deras misstag. Men ingen är perfekt, och vi har alla gjort saker vi ångrar. Försök att se personen som en hel människa, med både styrkor och svagheter. Detta betyder inte att du behöver ursäkta deras beteende, men det hjälper dig att se dem med medkänsla snarare än förakt.

Förlåtelse handlar också om att släppa taget om förväntningar. Ibland väntar vi på att den andra personen ska be om ursäkt eller erkänna sin skuld innan vi kan förlåta. Men förlåtelse är inte beroende av någon annans handlingar – det är något vi gör för vår egen skull. När vi väntar på att någon annan ska ta första steget, ger vi dem makten över vårt känslomässiga välbefinnande. Genom att välja att förlåta, oavsett om vi får en ursäkt eller inte, återtar vi kontrollen över våra känslor och vårt liv.

Slutligen, kom ihåg att förlåtelse inte alltid innebär försoning. Ibland är det bäst att släppa taget om en relation för att skydda oss själva. Förlåtelse betyder inte att vi måste fortsätta ha personen i vårt liv, utan att vi väljer att inte låta deras handlingar definiera oss. Det handlar om att hitta frid inom oss själva, oavsett vad som händer utanför.

Att praktisera förlåtelse är en av de mest befriande handlingar vi kan göra för oss själva. Det är en gåva som inte bara helar vårt förflutna, utan också öppnar dörren till en ljusare framtid. Genom att välja förlåtelse, väljer vi att släppa taget om smärta och bitterhet, och istället omfamna fred, hopp och möjligheten till ny början. Förlåtelse är inte alltid lätt, men det är alltid värt det. Och det börjar med ett enkelt beslut: att ge oss själva friheten att gå vidare.

2. Tekniker för att förlåta dig själv och andra

Förlåtelse är en av livets mest utmanande och befriande handlingar. Oavsett om det handlar om att förlåta dig själv för misstag du gjort, eller att förlåta någon annan som har sårat dig, är processen fylld av komplexitet och känslor. Men det är också en kraftfull väg till läkning och inre frid. Förlåtelse är inte en enkel handling, utan en resa som kräver tid, reflektion och viljan att släppa taget om det förflutnas grepp. Här är några tekniker som kan hjälpa dig att förlåta både dig själv och andra, och därmed skapa ett utrymme för tillväxt och frihet i ditt liv.

För att börja förlåta dig själv behöver du först erkänna vad som har hänt. Många av oss har en tendens att undvika våra misstag eller försöka rationalisera bort dem. Men för att kunna förlåta oss själva, måste vi våga möta våra handlingar med ärlighet och mod. Fråga dig själv: "Vad gjorde jag? Och hur påverkade det mig eller andra?" Detta handlar inte om att döma dig själv, utan om att förstå situationen och dina känslor kring den. Genom att erkänna det som hänt, tar du det första steget mot förlåtelse.

En kraftfull teknik för att förlåta dig själv är att skriva ett brev till dig själv. Föreställ dig att du skriver till en nära vän som har gjort samma misstag som du. Vilka ord av tröst och förståelse skulle du erbjuda dem? Skriv dessa ord till dig själv, och låt brevet bli en påminnelse om att du är mänsklig och att misstag är en naturlig del av livet. Du kanske avslutar brevet med att säga: "Jag förlåter mig själv för det här, och jag väljer att använda det som en möjlighet att växa."

Att förlåta andra kräver en liknande process av reflektion och förståelse. Börja med att identifiera vad som hände och hur det påverkade dig. Det kan vara hjälpsamt att skriva ner dina tankar och känslor för att få klarhet. Fråga dig själv: "Vad är det jag håller fast vid? Och hur påverkar det mig idag?" Ibland inser vi att den smärta vi bär på inte längre är kopplad till själva händelsen, utan till vår oförmåga att släppa taget om den.

En effektiv teknik för att förlåta andra är att praktisera empati. Försök att se situationen från den andra personens perspektiv. Vad kan ha drivit dem att agera som de gjorde? Vilka känslor eller erfarenheter kan ha påverkat deras beslut? Detta betyder inte att du ursäktar deras beteende, utan att du försöker förstå det. Genom att se deras mänsklighet, kan du börja lösa upp de negativa känslor som binder dig till smärtan.

Visualisering är en annan kraftfull metod för att förlåta andra. Föreställ dig personen framför dig, och föreställ dig att du säger allt du känner och tänker – utan att hålla tillbaka. Föreställ dig sedan att personen svarar med att be om ursäkt eller erkänna vad de gjort. Slutligen, visualisera hur du säger: "Jag förlåter dig," och se hur en känsla av lättnad och fred sprider sig genom ditt sinne och din kropp. Även om detta sker i ditt inre, kan det ge en känsla av avslut och frihet.

En viktig del av att förlåta både dig själv och andra är att inse att förlåtelse inte betyder att glömma. Det är inte en ursäkt för vad som hände, utan en medveten handling för att befria dig själv från smärta och bitterhet. Du kan välja att förlåta utan att fortsätta ha personen i ditt liv, eller utan att någonsin få en ursäkt. Förlåtelse handlar inte om dem – det handlar om dig och din egen läkning.

Ibland kan vi känna motstånd mot att förlåta, särskilt om vi tror att det betyder att vi förlorar vår rätt till rättvisa eller att vi visar svaghet. Men förlåtelse är inte en svaghet; det är en styrka. Det kräver mod att möta våra känslor, att släppa taget om vår ilska och att välja fred över hämnd. Genom att förlåta, tar vi tillbaka kontrollen över våra liv och vår lycka.

Att praktisera tacksamhet kan också vara ett effektivt verktyg för att underlätta förlåtelse. Reflektera över vad du har lärt dig från situationen, och hur det har hjälpt dig att växa. Kanske har du blivit starkare, mer medveten eller mer empatisk. Genom att fokusera på dessa positiva aspekter, kan du omvandla smärtan till en källa av styrka och inspiration.

Slutligen, kom ihåg att förlåtelse är en process. Det är sällan något som sker över en natt, och det är okej att det tar tid. Var snäll mot dig själv under denna resa, och påminn dig själv om att varje litet steg mot förlåtelse är ett steg mot inre frid. Förlåtelse är inte något du gör för att vara "ädel" – det är en handling av självomsorg, ett sätt att frigöra ditt sinne och ditt hjärta från bördan av det förflutna.

Genom att använda dessa tekniker kan du börja odla förmågan att förlåta både dig själv och andra. Det är en resa som kan vara utmanande, men som också är djupt befriande. Och när du väl börjar uppleva den inre frid som förlåtelse kan ge, inser du att det är en av de största gåvor du kan ge dig själv. Förlåtelse är inte bara ett sätt att läka – det är ett sätt att leva.

3.Att släppa taget om bitterhet och gå vidare

Bitterhet är som ett tungt bagage som vi bär med oss genom livet. Det kan vara så subtilt att vi knappt märker det, men det påverkar oss på djupet – våra relationer, vårt välbefinnande och vår förmåga att se framåt. När vi håller fast vid bitterhet, ger vi det förflutna makt över vår nutid och framtid. Att släppa taget om denna börda är inte bara en handling av självomsorg, utan också en nödvändighet för att kunna leva ett liv fyllt av glädje och frihet.

Bitterhet uppstår ofta ur smärtsamma erfarenheter som inte har bearbetats eller avslutats. Det kan vara svek, orättvisor eller förluster som vi känner att vi aldrig fått upprättelse för. Dessa känslor är naturliga och mänskliga, men när vi håller fast vid dem för länge, kan de börja definiera oss. Vi kan fastna i tankar

59

som: "Varför gjorde de så mot mig?" eller "Jag förtjänar att känna mig arg." Och även om dessa tankar kan kännas rättfärdiga, är det viktigt att fråga oss själva: "Hjälper detta mig att gå framåt?"

Att släppa taget om bitterhet börjar med en medvetenhet om att vi håller fast vid den. Det handlar inte om att förneka våra känslor eller låtsas som om allt är bra, utan om att erkänna dem och förstå hur de påverkar oss. Fråga dig själv: "Hur påverkar denna bitterhet mitt liv idag? Hindrar den mig från att vara lycklig eller från att skapa nya relationer?" Genom att erkänna bitterhetens påverkan, kan vi börja ta små steg mot att släppa taget.

En kraftfull teknik för att släppa bitterhet är att praktisera självreflektion. Ta dig tid att skriva ner vad du känner och varför du tror att dessa känslor finns kvar. Var ärlig mot dig själv, utan att döma. Kanske inser du att din bitterhet inte bara handlar om vad som hände, utan också om de förväntningar du hade som inte uppfylldes. Genom att förstå roten till dina känslor, kan du börja bearbeta dem på ett djupare plan.

Ett annat viktigt steg är att öva på att acceptera det som hände. Acceptans betyder inte att vi behöver gilla eller rättfärdiga det som hände, utan att vi erkänner att det inte går att ändra på det förflutna. Vi har makt att välja hur vi vill låta det påverka oss idag. Ett sätt att öva acceptans är att påminna dig själv om att livet inte alltid är rättvist, men att du har styrkan att skapa en bättre framtid för dig själv. Detta är inte en enkel process, men varje gång du väljer acceptans över bitterhet, tar du ett steg mot frihet.

Empati är en annan teknik som kan hjälpa oss att släppa bitterhet. Försök att se situationen från den andra personens perspektiv. Vad kan ha drivit deras handlingar? Var de också fångade i sina egna rädslor eller osäkerheter? Att förstå deras mänsklighet betyder inte att vi ursäktar deras beteende, men det kan hjälpa oss att lösa upp den ilska som binder oss till det förflutna. Empati är ett kraftfullt verktyg för att frigöra sig själv från negativa känslor och skapa utrymme för läkning.

För att verkligen gå vidare, kan det vara hjälpsamt att fokusera på framtiden snarare än det förflutna. Ställ dig själv frågor som: "Vad vill jag skapa i mitt liv? Vad kan jag göra idag för att ta ett steg närmare mina mål?" Genom att rikta din energi mot något konstruktivt, minskar du bitterhetens grepp om ditt sinne. Visualisera hur ditt liv ser ut när du inte längre bär på den bördan. Hur känns det? Vilka möjligheter öppnar sig när du väljer att gå framåt?

En annan teknik är att använda tacksamhet som ett motgift mot bitterhet. När vi är bittra, fokuserar vi ofta på det vi har förlorat eller det som gick fel. Men genom att medvetet rikta vår uppmärksamhet mot det vi har att vara tacksamma för, kan vi börja skifta vårt perspektiv. Skriv ner tre saker varje dag som du är tacksam för, oavsett hur små de är. Det kan vara en väns leende, en vacker solnedgång eller känslan av en varm kopp te i händerna. Tacksamhet hjälper oss att se det goda i nuet och minskar bitterhetens makt över oss.

Det är också viktigt att förlåta – både andra och oss själva. Förlåtelse är inte en handling av svaghet, utan av styrka. Det betyder inte att vi glömmer vad som hände, utan att vi väljer att inte låta det definiera oss. Förlåtelse är en gåva vi ger oss själva, en möjlighet att frigöra vårt sinne och hjärta från det förflutnas tyngd. När vi förlåter, öppnar vi dörren till en framtid fylld av nya möjligheter och glädje.

Slutligen, kom ihåg att att släppa taget om bitterhet är en process som tar tid. Det är inte något som sker över en natt, och det är okej att det känns svårt ibland. Var snäll mot dig själv under denna resa, och påminn dig själv om att varje litet steg är ett framsteg. Genom att välja att släppa taget, väljer du att skapa en ljusare, friare och mer meningsfull framtid för dig själv.

Att släppa bitterhet handlar inte om att förlora något – det handlar om att vinna tillbaka din frihet, din glädje och ditt liv. Det är en handling av mod, en påminnelse om att du är starkare än det som hände dig, och en möjlighet att skapa en framtid där du inte bara överlever, utan verkligen lever. Och allt börjar med ett beslut: att välja att gå vidare.

4.De emotionella fördelarna med förlåtelse och frigörelse

Förlåtelse och frigörelse är handlingar som inte bara påverkar de relationer vi har med andra, utan också de relationer vi har med oss själva. De är som nycklar som låser upp dörrar till en djupare känsla av lugn, glädje och självinsikt. När vi bär på oförlåtna känslor och klamrar oss fast vid smärta eller bitterhet, begränsar vi vårt emotionella välbefinnande. Men när vi väljer att förlåta och släppa taget, börjar vi upptäcka de många emotionella fördelarna som dessa handlingar kan ge.

En av de mest omedelbara fördelarna med förlåtelse är en känsla av lättnad. Tänk dig att du har burit på en tung ryggsäck i flera år, fylld med ilska, sorg och ouppklarade känslor. När du äntligen väljer att förlåta, känns det som att lägga ner den bördan och ta ett djupt andetag för första gången på länge. Denna lättnad kommer från insikten att du inte längre behöver bära på det som har tyngt dig. Du ger dig själv tillåtelse att gå vidare utan att låta det förflutna kontrollera din nutid.

Förlåtelse frigör också energi som tidigare har varit bunden till negativa känslor. När vi är arga eller bittra, spenderar vi mycket mental och emotionell energi på att återuppleva det som hände, analysera det om och om igen och kanske till och med fantisera om vad vi borde ha sagt eller gjort annorlunda. Denna cykel är utmattande och lämnar lite utrymme för att njuta av nuet eller planera för framtiden. Genom att förlåta och släppa taget, frigör vi denna energi och kan använda den för mer konstruktiva och meningsfulla ändamål. Det är som att rensa bort gammal röra för att göra plats för något nytt och vackert.

En annan viktig emotionell fördel med förlåtelse är att det minskar känslor av ilska och stress. När vi håller fast vid oförrätter, är det som att ha en konstant inre konflikt. Vi känner oss ofta irriterade, frustrerade eller till och med hjälplösa, vilket kan påverka vår mentala hälsa och vårt humör. Förlåtelse fungerar som en balsam för dessa känslor, och hjälper oss att lugna våra sinnen och hjärtan. Genom att släppa taget om ilska, skapar vi en inre frid som sprider sig till alla områden i våra liv.

Förutom att minska negativa känslor, hjälper förlåtelse oss att stärka positiva känslor som medkänsla, empati och kärlek. När vi förlåter, öppnar vi oss själva för möjligheten att se den andra personens mänsklighet. Vi kanske inte alltid kan förstå eller rättfärdiga deras handlingar, men vi kan erkänna att de också är människor med sina egna brister och utmaningar. Denna medkänsla gör det lättare att känna en djupare koppling till andra, vilket i sin tur förbättrar våra relationer och vår förmåga att känna kärlek och tillit.

Förlåtelse och frigörelse har också en kraftfull inverkan på vår självkänsla. När vi förlåter oss själva för de misstag vi har gjort, påminner vi oss själva om att vi är värda kärlek och respekt, trots våra brister. Detta stärker vår känsla av egenvärde och hjälper oss att möta framtiden med större självförtroende. Att släppa taget om självfördömande är en handling av självmedkänsla som kan förändra hur vi ser på oss själva och våra möjligheter.

En ofta förbisedd fördel med förlåtelse är hur det kan förbättra vår emotionella motståndskraft. När vi lär oss att förlåta och gå vidare, utvecklar vi en inre styrka som hjälper oss att hantera framtida utmaningar på ett mer hälsosamt sätt. Vi inser att vi har förmågan att läka, oavsett vad som händer, och denna insikt ger oss en känsla av trygghet och stabilitet. Det är som att bygga ett starkare fundament för vårt emotionella välbefinnande.

Förlåtelse är också nära kopplad till känslor av tacksamhet och glädje. När vi släpper taget om det som har gjort oss illa, blir vi mer medvetna om det goda i våra liv. Vi börjar uppskatta de små ögonblicken av lycka, de människor som älskar och stöttar oss, och de möjligheter vi har att växa och lära oss. Tacksamhet skapar en positiv spiral där vi fokuserar mer på det som ger oss glädje och mindre på det som håller oss tillbaka.

Att frigöra oss från negativa känslor genom förlåtelse hjälper oss också att bli mer närvarande i våra liv. När vi inte längre är fast i det förflutna, kan vi fullt ut uppleva nuet och allt det har att erbjuda. Vi kan njuta av stunden utan att bli distraherade av gamla sår eller oförrätter. Denna närvaro är en nyckel till att känna oss mer levande, engagerade och tillfredsställda.

Slutligen, förlåtelse och frigörelse hjälper oss att skapa en känsla av frihet. Frihet från det förflutna, från negativa tankar och från de känslor som har hållit oss tillbaka. Det är en påminnelse om att vi har makten att forma våra egna liv, oavsett vad som har hänt oss tidigare. När vi förlåter, tar vi tillbaka den makten och skapar en framtid som är fylld av hopp, möjligheter och glädje.

Förlåtelse är inte alltid lätt, men de emotionella fördelarna är djupa och långvariga. Det är en handling av kärlek, inte bara mot andra, utan också mot oss själva. Genom att förlåta och släppa taget, öppnar vi dörren till ett liv som inte bara är friare, utan också rikare och mer meningsfullt. Och det bästa av allt? Förlåtelse är något vi kan välja, här och nu.

Kapitel 7: Bygga en positiv självbild

1.Kopplingen mellan självbild och personlig framgång

Självbilden är som en spegel vi håller upp mot världen – den reflekterar inte bara hur vi ser på oss själva, utan också hur vi navigerar genom livet. Hur vi ser på oss själva påverkar våra tankar, handlingar och de resultat vi uppnår. En positiv självbild är därför en av de viktigaste byggstenarna för personlig framgång, medan en negativ självbild kan bli en osynlig barriär som hindrar oss från att nå vår fulla potential. Men vad är det egentligen som kopplar vår självbild till framgång, och hur kan vi använda denna insikt för att skapa ett liv som överensstämmer med våra drömmar?

För att förstå kopplingen mellan självbild och framgång, måste vi först reflektera över vad självbilden egentligen är. Självbilden är summan av de tankar och övertygelser vi har om oss själva – vår personlighet, våra förmågor, vårt värde. Den formas genom våra erfarenheter, våra relationer och de budskap vi fått från omgivningen sedan vi var barn. Om vi har vuxit upp med uppmuntran och stöd, är det troligt att vi har en starkare och mer positiv självbild. Om vi däremot har mött mycket kritik eller blivit ifrågasatta, kan vi ha utvecklat tvivel på vårt värde och våra förmågor.

Självbilden fungerar som ett filter genom vilket vi tolkar världen och oss själva i den. Om vi har en positiv självbild, är vi mer benägna att se möjligheter, tro på vår förmåga att hantera utmaningar och agera med självförtroende. Men om vi har en negativ självbild, kan vi lätt fastna i självkritik, undvika risker och missa chanser av rädsla för att misslyckas. På så sätt blir självbilden en självuppfyllande profetia: hur vi ser på oss själva påverkar våra handlingar, och våra handlingar påverkar de resultat vi uppnår.

Tänk dig någon som ska hålla en presentation på jobbet. Om de har en positiv självbild, tror de på sin förmåga att leverera ett bra resultat. De förbereder sig noggrant, går in i rummet med självförtroende och tar emot feedback som en möjlighet att förbättra sig. Deras positiva självbild ger dem inte bara mod att agera, utan också en mental styrka att hantera eventuella misstag. Å andra sidan, om samma person har en negativ självbild, kan de tvivla på sin förmåga från början. De kanske inte förbereder sig lika väl eftersom de redan har dömt ut sig själva, eller så blir de så nervösa att de har svårt att uttrycka sina idéer klart. Resultatet förstärker deras ursprungliga tro: "Jag visste att jag inte var bra på det här."

Självbilden är alltså inte bara en passiv återspegling av hur vi ser på oss själva – den är en aktiv kraft som styr hur vi lever våra liv. En positiv självbild skapar en känsla av egenmakt, medan en negativ självbild kan få oss att känna oss fast i en ond cirkel av självtvivel och osäkerhet.

Men hur påverkar självbilden personlig framgång på ett djupare plan? För det första hjälper en positiv självbild oss att sätta högre mål och tro på att vi kan uppnå dem. Om vi ser oss själva som kompetenta och värdefulla, är vi mer benägna att sträva efter saker som utmanar oss och utvecklar vår potential. Vi vågar drömma stort eftersom vi inte ser våra brister som oöverstigliga hinder, utan som tillfälliga utmaningar att övervinna.

För det andra påverkar självbilden hur vi hanterar motgångar. Framgång är sällan en rak linje – den är fylld av hinder, misstag och oväntade svårigheter. En positiv självbild ger oss den emotionella styrkan att se dessa motgångar som tillfällen att lära och växa, snarare än som bevis på våra begränsningar. Vi blir mer motståndskraftiga och mer villiga att försöka igen, vilket ökar våra chanser att lyckas på lång sikt.

En annan viktig aspekt är att en positiv självbild förbättrar våra relationer, vilket i sin tur påverkar vår framgång. När vi känner oss säkra i oss själva, är vi mer öppna för att bygga starka och hälsosamma relationer med andra. Vi vågar kommunicera våra behov och gränser tydligt, och vi kan också visa empati och stöd för andra utan att känna oss hotade. Dessa relationer blir ofta en källa till inspiration, samarbete och möjligheter, vilket driver oss framåt i livet.

Självbilden påverkar också hur vi ser på framgång i sig. Om vi har en negativ självbild, kanske vi aldrig känner oss riktigt framgångsrika, oavsett vad vi uppnår. Vi kan alltid hitta något att kritisera i oss själva, och detta hindrar oss från att känna genuin tillfredsställelse och stolthet över våra prestationer. En positiv självbild hjälper oss att fira våra framgångar och uppskatta de steg vi har tagit, vilket skapar en känsla av mening och glädje.

Det är viktigt att komma ihåg att självbilden inte är statisk – den kan förändras och utvecklas. Om vi märker att vår självbild är mer negativ än vi önskar, kan vi börja arbeta med att omforma den. Detta kan innebära att vi utmanar våra negativa tankemönster, omger oss med människor som stöttar oss, och medvetet fokuserar på våra styrkor och framgångar. Det kan också innebära att vi tar små, men konsekventa, steg utanför vår komfortzon för att bevisa för oss själva att vi är kapabla och värda framgång.

Genom att bygga en positiv självbild, skapar vi en solid grund för personlig framgång. Vi börjar se oss själva som aktiva skapare av våra liv, snarare än som passiva mottagare av omständigheter. Och när vi tror på vår egen förmåga och vårt värde, öppnar vi dörren till en framtid fylld av möjligheter och glädje. Självbilden är inte bara en reflektion av vem vi är – den är en kraftfull drivkraft som kan leda oss till det liv vi drömmer om.

2.Tekniker för att stärka självkänslan och självförtroendet

Självkänsla och självförtroende är två av de mest värdefulla tillgångarna vi kan ha i livet. De fungerar som en inre kompass som styr hur vi ser på oss själva, våra förmågor och våra möjligheter. Med stark självkänsla och självförtroende vågar vi sätta mål, ta risker och hantera utmaningar med större lätthet. Men dessa egenskaper är inte något vi föds med – de är färdigheter som kan tränas och utvecklas, oavsett var vi befinner oss i livet. Här är några tekniker som kan hjälpa dig att stärka både din självkänsla och ditt självförtroende.

Första steget är att förstå skillnaden mellan självkänsla och självförtroende. Självkänsla handlar om hur vi värderar oss själva som människor – vårt egenvärde, vår förmåga att känna oss tillräckliga och accepterade precis som vi är. Självförtroende, å andra sidan, handlar om vår tilltro till våra färdigheter och förmågor i specifika situationer. Dessa två aspekter är nära sammankopplade, men det är möjligt att ha gott självförtroende inom ett område – som på jobbet – och ändå ha låg självkänsla. För att verkligen stärka oss själva behöver vi arbeta på båda dessa områden.

En effektiv teknik för att stärka självkänslan är att praktisera självmedkänsla. Vi är ofta våra egna hårdaste kritiker, och detta kan undergräva vår självkänsla över tid. Börja med att bli medveten om hur du pratar med dig själv i dina tankar. Om du märker att du använder negativa eller dömande ord, stanna upp och fråga dig själv: "Skulle jag säga detta till en vän?" Om svaret är nej, försök att ersätta dessa tankar med mer stödjande och vänliga ord. Självmedkänsla handlar inte om att ignorera våra misstag, utan om att möta dem med förståelse och vilja att lära.

Ett annat sätt att stärka självkänslan är att identifiera och utmana negativa övertygelser om dig själv. Många av oss bär på djupt rotade tankar som "Jag är inte tillräckligt bra" eller "Jag förtjänar inte framgång." Dessa övertygelser är ofta omedvetna, men de påverkar hur vi ser på oss själva och våra möjligheter. Ta dig tid att reflektera över vilka övertygelser du har om dig själv, och fråga dig själv var de kommer ifrån. Är de baserade på fakta, eller på gamla erfarenheter som inte längre är relevanta? Genom att ifrågasätta och omforma dessa övertygelser, kan du skapa en mer positiv och stärkande självbild.

När det gäller att stärka självförtroendet, handlar det ofta om att ta små steg utanför din komfortzon. Självförtroende byggs genom erfarenhet – ju mer vi gör något, desto mer tror vi på vår förmåga att klara av det. Börja med att sätta upp små, hanterbara mål som utmanar dig, men som inte känns överväldigande. Om du till exempel vill bli bättre på att tala inför folk, börja med att öva på att tala inför en liten grupp vänner eller kollegor. Varje gång du klarar av en utmaning, stärker du din tro på din förmåga, vilket ger dig mod att ta ännu större steg.

En annan kraftfull teknik för att stärka självförtroendet är att reflektera över tidigare framgångar. Ta dig tid att tänka på gånger när du har lyckats, oavsett om det var en prestation på jobbet, att lösa ett problem eller att hjälpa någon annan. Skriv ner dessa framgångar i en journal och återvänd till dem när du känner dig osäker. Att påminna dig själv om vad du redan har uppnått hjälper dig att känna dig starkare och mer kapabel att hantera framtida utmaningar.

Visualisering är också en effektiv metod för att stärka både självkänsla och självförtroende. Föreställ dig själv i en situation där du känner dig stark, säker och framgångsrik. Visualisera hur du agerar, vad du säger och hur det känns. Genom att skapa denna mentala bild programmerar du ditt sinne att tro på att du kan lyckas, vilket ökar ditt självförtroende när du faktiskt möter liknande situationer.

Att skapa en stödjande miljö är också viktigt för att stärka både självkänsla och självförtroende. Omge dig med människor som stöttar och tror på dig, och som påminner dig om dina styrkor när du själv tvivlar. Undvik negativa influenser som förstärker självtvivel eller kritiserar dig på ett ohjälpsamt sätt. Dina relationer har en stor inverkan på hur du ser på dig själv, så välj dem med omsorg.

Slutligen, praktisera tacksamhet och uppskattning för dig själv. Vi är ofta så fokuserade på vad vi vill förbättra att vi glömmer att fira det vi redan är och gör. Ta några minuter varje dag för att reflektera över vad du är tacksam för i dig själv – kanske är det din uthållighet, din vänlighet eller din förmåga att lösa problem. Genom att uppmärksamma dina styrkor, skapar du en mer positiv och kärleksfull relation till dig själv.

Att stärka självkänslan och självförtroendet är en resa som kräver tid och engagemang, men det är också en av de mest värdefulla investeringar du kan göra i dig själv. Genom att praktisera dessa tekniker, kommer du inte bara att känna dig starkare och säkrare, utan också mer redo att möta livets utmaningar och möjligheter med öppet hjärta och sinne. Och det viktigaste att komma ihåg är att du är värd att känna dig stark, säker och värdefull – precis som du är.

3.Övervinna självkritik och begränsande tankar

Självkritik är en av de mest envisa inre rösterna vi möter i livet. Den kan viska, ropa eller ständigt påminna oss om våra upplevda brister, misslyckanden och rädslor. Begränsande tankar, å andra sidan, är som osynliga murar som hindrar oss från att tro på vår egen förmåga eller att ta steget mot våra drömmar. Men även om dessa mentala hinder kan kännas överväldigande, är de inte permanenta. De kan övervinnas, och när vi gör det öppnar vi dörren till självacceptans, självförtroende och personlig frihet.

Självkritik är ofta djupt rotad i oss. Kanske började den som en försvarsmekanism för att hjälpa oss att undvika misstag, eller som en reflex från tidigare erfarenheter där vi fått höra att vi inte räckte till. Men även om självkritik ibland kan driva oss att prestera bättre, gör den oss ofta mer skada än nytta. Den skapar en cykel av skuld och skam som begränsar vår tro på oss själva och våra möjligheter.

För att börja övervinna självkritik är det viktigt att bli medveten om när den uppstår. Många av oss märker inte ens att vi är självkritiska – det känns som en naturlig del av våra tankemönster. Börja med att lyssna på den inre dialogen som pågår i ditt sinne. Vad säger du till dig själv när du gör ett misstag, när något inte går som planerat, eller när du står inför en utmaning? Om du märker att dina tankar är hårda, dömande eller negativa, stanna upp och fråga dig själv: "Skulle jag säga detta till en vän?" Om svaret är nej, är det dags att utmana dessa tankar.

En teknik för att hantera självkritik är att ge den en form och ett namn. Föreställ dig att din självkritiska röst är en person eller en figur, och ge den ett namn som hjälper dig att distansera dig från den. Nästa gång du hör den kritiska rösten, kan du säga: "Tack, [namn], för din åsikt, men jag väljer att tänka annorlunda." Genom att personifiera självkritiken, gör du det lättare att se den som en del av dig själv som du kan hantera, snarare än som en absolut sanning.

Att ersätta självkritik med självmedkänsla är också en kraftfull strategi. När du märker att du är hård mot dig själv, ta ett steg tillbaka och försök möta dig själv med vänlighet och förståelse. Påminn dig själv om att du, precis som alla andra, är mänsklig och att det är naturligt att göra misstag. Om du känner skuld eller skam, försök att se det som en möjlighet att lära och växa, snarare än som ett bevis på dina brister.

Begränsande tankar är en annan utmaning som ofta går hand i hand med självkritik. Dessa tankar kan ta formen av uttalanden som: "Jag är inte smart nog," "Jag kommer aldrig att lyckas," eller "Jag förtjänar inte att vara lycklig."

Begränsande tankar är som osynliga kedjor som håller oss tillbaka från att utforska vår fulla potential. För att övervinna dem, börja med att identifiera vilka dessa tankar är och var de kommer ifrån. Ofta har de sitt ursprung i tidigare erfarenheter, kulturella normer eller andras åsikter som vi har internaliserat som våra egna.

När du har identifierat en begränsande tanke, utmana den genom att ställa frågor som: "Är detta verkligen sant?" och "Finns det bevis som stödjer denna tanke, eller är det bara en berättelse jag har berättat för mig själv?" Genom att ifrågasätta dessa tankar, börjar du bryta deras makt över dig. Du kan också ersätta dem med mer stärkande tankar. Om du till exempel tänker: "Jag är dålig på att tala inför folk," kan du istället säga: "Jag är på väg att bli bättre på att tala inför folk, och varje gång jag övar lär jag mig något nytt."

Att visualisera dig själv övervinna självkritik och begränsande tankar är en annan effektiv teknik. Föreställ dig en situation där du vanligtvis skulle känna dig osäker eller dömande mot dig själv. Visualisera sedan hur du möter denna situation med självförtroende, vänlighet och mod. Se dig själv lyckas, känna stolthet och glädje över att ha övervunnit dina inre hinder. Denna typ av mental träning kan hjälpa dig att förbereda dig för verkliga situationer och stärka din tro på din förmåga att hantera dem.

Ett annat sätt att övervinna självkritik och begränsande tankar är att omge dig med positivt stöd. Ofta är vi våra egna största kritiker, men de människor vi väljer att ha runt oss kan påverka hur vi ser på oss själva. Omge dig med personer som stöttar och tror på dig, och som hjälper dig att se dina styrkor när du själv tvivlar. Deras ord och handlingar kan fungera som en motvikt till de negativa tankar som ibland dyker upp.

Slutligen, kom ihåg att självkritik och begränsande tankar inte försvinner över en natt. Det är en process som kräver tid, övning och tålamod. Men varje gång du väljer att utmana dessa tankar, att möta dig själv med vänlighet, eller att ta ett litet steg utanför din komfortzon, stärker du din förmåga att övervinna dem. Du börjar bygga en ny inre dialog – en som är stödjande, stärkande och fylld av självmedkänsla.

Att övervinna självkritik och begränsande tankar är inte bara en väg till större självförtroende och självkänsla, utan också en väg till större frihet. Det är en påminnelse om att du är mer än dina misstag, dina rädslor och dina tvivel. Du är en människa med obegränsad potential, och genom att välja att tro på dig själv, öppnar du dörren till en framtid full av möjligheter. Och den resan börjar med att du väljer att se dig själv med nya, vänligare ögon – idag.

69

4. Vikten av att vara din egen bästa vän

I en värld där vi ofta möts av krav, förväntningar och jämförelser, är det lätt att glömma den viktigaste relationen av alla – relationen med oss själva. Att vara sin egen bästa vän är inte bara en handling av självomsorg, utan en grundläggande förutsättning för välmående och personlig utveckling. När vi lär oss att möta oss själva med samma vänlighet, förståelse och stöd som vi skulle ge vår bästa vän, skapar vi en stark inre grund som kan bära oss genom livets alla utmaningar.

Att vara sin egen bästa vän börjar med att lyssna. Hur ofta tar vi oss tid att verkligen lyssna på vad vi känner, behöver och längtar efter? Många av oss är så upptagna med att ta hand om andra eller uppfylla våra åtaganden att vi försummar att stanna upp och fråga oss själva: "Hur mår jag idag? Vad behöver jag just nu?" En bästa vän skulle aldrig ignorera dina känslor eller förväntas att du alltid klarar av allt utan hjälp. På samma sätt behöver vi lära oss att lyssna på och respektera våra egna behov.

En viktig del av att vara sin egen bästa vän är att prata med sig själv på ett kärleksfullt och stödjande sätt. Många av oss har en inre kritisk röst som ständigt påminner oss om våra brister och misstag. Men tänk om du skulle prata med en vän på det sättet? Hur länge skulle den vänskapen hålla? Förmodligen inte länge. När vi möter oss själva med vänlighet och uppmuntran istället för kritik, börjar vi bygga en inre dialog som stärker oss istället för att bryta ner oss. Nästa gång du gör ett misstag, prova att säga till dig själv: "Det är okej. Du är mänsklig, och du lär dig." Denna enkla förändring kan göra en enorm skillnad i hur vi ser på oss själva.

Att vara sin egen bästa vän innebär också att ge sig själv tillåtelse att känna. Det är naturligt att vi ibland upplever sorg, ilska, eller frustration – det är en del av att vara människa. Men istället för att döma oss själva för dessa känslor, kan vi välja att möta dem med medkänsla och förståelse. Om en vän kom till dig och kände sig ledsen, skulle du förmodligen inte säga: "Sluta känna så." Du skulle lyssna, ge tröst och påminna dem om att det är okej att ha svåra dagar. På samma sätt behöver vi lära oss att vara där för oss själva, utan att döma eller försöka trycka bort våra känslor.

En annan viktig aspekt av att vara sin egen bästa vän är att sätta gränser. En bästa vän skulle aldrig låta dig bli utnyttjad eller överväldigad av andras krav. De skulle uppmuntra dig att stå upp för dig själv och ta hand om ditt välmående. På samma sätt behöver vi lära oss att säga nej när det behövs, och att prioritera våra egna behov utan att känna skuld. Att sätta gränser är inte själviskt – det är en handling av självrespekt och en påminnelse om att vår tid och energi är värdefulla.

Att vara sin egen bästa vän innebär också att fira sina framgångar, stora som små. Hur ofta tar vi oss tid att stanna upp och uppskatta vad vi har åstadkommit? En bästa vän skulle aldrig låta dina prestationer gå obemärkta förbi. De skulle jubla för dig, påminna dig om hur långt du har kommit och uppmuntra dig att fortsätta. På samma sätt behöver vi lära oss att fira oss själva – inte bara när vi når stora mål, utan också för de små steg vi tar varje dag.

En annan viktig del av att vara sin egen bästa vän är att ta hand om sin kropp och sitt sinne. En bästa vän skulle aldrig vilja att du försummade din hälsa eller körde dig själv i botten. De skulle uppmuntra dig att vila när du är trött, äta näringsrik mat och hitta tid för saker som ger dig glädje och energi. Genom att prioritera självomsorg, visar vi oss själva att vi är värda att må bra och leva ett balanserat liv.

Att vara sin egen bästa vän handlar också om att förlåta sig själv. Vi gör alla misstag, men det är lätt att fastna i självkritik och skuld. En bästa vän skulle påminna dig om att dina misstag inte definierar dig, och att du alltid har möjlighet att lära och växa. På samma sätt behöver vi ge oss själva samma förlåtelse och förståelse. När vi gör det, frigör vi oss från det förflutnas tyngd och öppnar dörren till en ljusare framtid.

Slutligen, att vara sin egen bästa vän innebär att tro på sig själv och sina drömmar. En bästa vän skulle aldrig låta dig ge upp på något du verkligen bryr dig om. De skulle stötta dig, påminna dig om din potential och hjälpa dig att hitta modet att fortsätta. När vi är vår egen bästa vän, ger vi oss själva samma stöd och uppmuntran. Vi blir en källa till styrka och inspiration för oss själva, och det gör det möjligt för oss att nå nya höjder.

Att vara sin egen bästa vän är inte alltid lätt, särskilt om vi har spenderat mycket tid på att vara vår egen största kritiker. Men det är en resa som är värd att ta. Genom att möta oss själva med vänlighet, förståelse och respekt, skapar vi en relation som inte bara stärker oss, utan också gör oss mer motståndskraftiga och lyckliga. Och det bästa av allt? Vi bär alltid denna vän med oss, redo att stötta oss i varje steg vi tar. Du är din egen bästa vän – och det är en vänskap som kan förändra ditt liv.

Kapitel 8: Navigera relationer med ett positivt tänkesätt

1.Positivt tänkandes påverkan på relationer

Relationer är en av de mest grundläggande delarna av våra liv. De formar våra erfarenheter, påverkar vårt välbefinnande och ger oss stöd och mening i både goda och svåra tider. Men relationer kan också vara en källa till stress och konflikter om vi inte hanterar dem på ett hälsosamt sätt. Ett positivt tänkesätt kan spela en avgörande roll för att stärka våra relationer, förbättra kommunikationen och skapa en atmosfär av ömsesidig respekt och förståelse.

Ett positivt tänkesätt handlar inte om att ignorera problem eller att alltid vara glad. Det handlar snarare om att ha en grundläggande inställning som fokuserar på lösningar, empati och möjligheter snarare än på brister och negativa tolkningar. Denna attityd kan ha en djupgående inverkan på våra relationer, eftersom den påverkar hur vi ser på oss själva, andra och de situationer vi möter tillsammans.

En av de viktigaste sätten som positivt tänkande påverkar relationer är genom att främja en öppen och konstruktiv kommunikation. När vi närmar oss en konflikt med en positiv attityd, är vi mer benägna att lyssna aktivt, försöka förstå den andra personens perspektiv och hitta gemensamma lösningar. Istället för att fastna i en spiral av kritik och försvar, kan vi skapa en dialog som bygger på respekt och förståelse. Till exempel, om en vän eller partner säger något som sårar oss, kan ett positivt tänkesätt hjälpa oss att säga: "Jag känner mig sårad av det du sa, men jag vill förstå vad du menade" istället för att genast gå till motangrepp. Detta öppnar upp för en mer meningsfull och respektfull kommunikation.

Ett positivt tänkesätt kan också hjälpa oss att uppskatta och fokusera på det som är bra i våra relationer, snarare än att fastna i små irritationer. Det är lätt att ta nära och kära för givna och låta negativa tankar dominera vårt perspektiv. Men genom att medvetet rikta vår uppmärksamhet mot deras styrkor och de stunder av glädje vi delar, kan vi skapa en mer harmonisk och kärleksfull atmosfär. Ett enkelt "Tack för att du alltid lyssnar när jag behöver prata" eller "Jag uppskattar verkligen hur du tar dig tid för oss" kan göra underverk för att stärka bandet mellan oss och de vi bryr oss om.

Positivt tänkande påverkar inte bara hur vi ser på andra, utan också hur vi ser på oss själva i relationerna. När vi har en positiv inställning, är vi mer benägna att känna oss trygga och självsäkra, vilket gör det lättare att uttrycka våra behov och gränser utan rädsla för att bli avvisade. Detta skapar en balans där vi kan vara autentiska och samtidigt respektera den andra personens känslor och behov. Relationer som bygger på denna typ av öppenhet och balans tenderar att vara mer hållbara och givande.

En annan viktig aspekt av positivt tänkande är dess förmåga att minska stress och främja förlåtelse. I alla relationer, oavsett hur starka de är, kommer det att finnas stunder av missförstånd eller besvikelser. Ett positivt tänkesätt hjälper oss att hantera dessa situationer med tålamod och empati. Istället för att bära på ilska eller bitterhet, kan vi välja att se det större perspektivet och fokusera på vad vi kan lära av situationen. Detta betyder inte att vi ska ignorera våra känslor eller låta andra behandla oss illa, utan att vi kan välja att inte låta negativa känslor förstöra relationen eller vårt eget välbefinnande.

Positivt tänkande kan också inspirera dem runt oss att se saker i ett mer positivt ljus. Våra attityder är smittsamma – när vi visar uppskattning, tålamod och optimism, är det mer sannolikt att andra svarar på samma sätt. Detta skapar en positiv spiral där båda parter i relationen känner sig mer värderade och stödda. Ett exempel på detta kan vara en arbetsrelation där en kollega är stressad över ett projekt. Genom att säga: "Jag ser hur hårt du jobbar, och jag vet att du kommer att klara det här. Kan jag hjälpa till på något sätt?" kan vi lyfta deras humör och samtidigt stärka samarbetet.

Föräldra-barn-relationer är ett annat område där positivt tänkande kan ha en djupgående effekt. När föräldrar fokuserar på sina barns framsteg och ansträngningar snarare än på deras misstag, skapar de en miljö där barnen känner sig trygga att växa och utvecklas. Till exempel, istället för att säga: "Du gjorde fel på provet igen," kan en positiv förälder säga: "Jag ser att du försökte, och jag är stolt över att du inte gav upp. Hur kan vi tillsammans göra det lättare för dig att förstå det här ämnet?" Denna inställning bygger barnets självkänsla och främjar en starkare relation.

Slutligen, ett positivt tänkesätt hjälper oss att navigera genom relationer med en känsla av tacksamhet. Genom att uppskatta de människor vi har i våra liv och de ögonblick vi delar med dem, kan vi skapa djupare och mer meningsfulla band. Tacksamhet hjälper oss att fokusera på det som verkligen betyder något och ger oss styrkan att värna om våra relationer, även när det är svårt.

Sammanfattningsvis är positivt tänkande inte en garanti för att alla relationer kommer att vara perfekta eller problemfria, men det är en kraftfull grund för att skapa och upprätthålla relationer som är hälsosamma, respektfulla och kärleksfulla. Det är en påminnelse om att våra attityder inte bara påverkar oss själva, utan också de människor vi delar våra liv med. Genom att välja ett positivt tänkesätt, väljer vi att bidra till en värld där relationer bygger på förståelse, stöd och gemensam tillväxt. Och den förändringen börjar med oss själva.

2.Att främja empatisk och konstruktiv kommunikation

Kommunikation är hjärtat i varje relation. Det är genom våra ord, tonfall och kroppsspråk som vi bygger broar av förståelse, uttrycker våra behov och skapar band med andra. Men ibland kan kommunikationen i våra relationer bli utmanande, särskilt när känslor är starka eller missförstånd uppstår. Att främja empatisk och konstruktiv kommunikation handlar om att skapa en dialog där båda parter känner sig hörda, förstådda och respekterade. Det är en färdighet som kan förändra inte bara våra relationer, utan också hur vi ser på oss själva och andra.

Empati är en av de viktigaste byggstenarna i konstruktiv kommunikation. Det innebär att vi sätter oss själva i den andra personens skor och försöker förstå deras perspektiv och känslor. Men empati är mer än att bara lyssna – det är en aktiv handling där vi signalerar till den andra personen att deras upplevelser är viktiga för oss. Om någon delar en frustration eller oro med oss, kan vi visa empati genom att säga: "Jag kan se hur det här påverkar dig, och jag förstår att det måste kännas svårt." Denna enkla handling skapar en känsla av förtroende och öppenhet, vilket gör det lättare att ha en ärlig och meningsfull konversation.

För att kommunicera konstruktivt är det också viktigt att lyssna utan att avbryta. Ibland, när vi hör något vi inte håller med om, kan vi känna ett starkt behov av att rätta eller försvara oss. Men att lyssna innebär att vi ger den andra personen utrymme att uttrycka sig fullt ut innan vi svarar. Det betyder inte att vi håller med om allt de säger, men det visar att vi respekterar deras rätt att uttrycka sina tankar och känslor. Aktivt lyssnande innebär också att vi uppmärksammar mer än bara orden – vi lägger märke till deras tonfall, kroppsspråk och känslor som ligger bakom orden.

Konstruktiv kommunikation kräver också att vi är tydliga med våra egna behov och känslor, utan att lägga skulden på den andra personen. Ett sätt att göra detta är att använda "jag-budskap" istället för "du-budskap". Till exempel, istället för att säga: "Du bryr dig aldrig om vad jag tycker," kan vi säga: "Jag känner mig osynlig när mina åsikter inte blir hörda." Genom att tala utifrån våra egna känslor och erfarenheter, undviker vi att den andra personen känner sig attackerad, vilket minskar risken för konflikter.

En annan nyckel till empatisk och konstruktiv kommunikation är att ställa

74

öppna frågor. Istället för att anta vad den andra personen känner eller tänker, kan vi fråga: "Hur upplever du det här?" eller "Vad tänker du om det vi diskuterade?" Dessa frågor visar inte bara att vi är intresserade av deras perspektiv, utan de hjälper också till att klargöra missförstånd och skapa en djupare förståelse.

Tonen i vår kommunikation spelar också en avgörande roll. Även om våra ord kan vara vänliga, kan en skarp eller dömande ton förstöra budskapet vi försöker förmedla. Att tala med en lugn och respektfull ton, även i svåra samtal, visar att vi värderar relationen och vill lösa konflikten på ett hälsosamt sätt. Om vi märker att våra känslor är för intensiva för att kommunicera konstruktivt, är det bättre att ta en paus och återvända till samtalet när vi är mer samlade.

Kroppsspråket är också en viktig del av kommunikationen. Att upprätthålla ögonkontakt, nicka eller luta sig framåt när någon pratar visar att vi är engagerade och närvarande. Å andra sidan kan armar i kors, ett undvikande blick eller att kolla på telefonen signalera ointresse, även om våra ord säger något annat. Genom att vara medvetna om vårt kroppsspråk kan vi förstärka det budskap vi vill förmedla och skapa en atmosfär av öppenhet.

Att hantera konflikter med empati och konstruktivitet är en av de största utmaningarna i kommunikationen, men också en av de mest givande. När vi känner oss attackerade är det lätt att reagera defensivt, men genom att andas djupt och försöka förstå den andra personens perspektiv kan vi avväpna konflikten. Om vi exempelvis får kritik, istället för att genast försvara oss, kan vi säga: "Jag hör vad du säger, och jag vill förstå mer om hur du känner." Denna reaktion visar att vi är öppna för dialog, vilket kan hjälpa till att lösa konflikten på ett respektfullt sätt.

En annan viktig aspekt av empatisk och konstruktiv kommunikation är att visa uppskattning. Ibland är vi så fokuserade på att lösa problem eller diskutera svårigheter att vi glömmer att uppmärksamma det positiva i våra relationer. Att säga något så enkelt som: "Jag uppskattar verkligen att du tog dig tid att prata om det här med mig," kan göra stor skillnad. Det visar att vi inte bara bryr oss om att lösa problemet, utan också om personen vi pratar med.

Slutligen, att främja empatisk och konstruktiv kommunikation handlar om att vara närvarande. Det innebär att vi lägger undan distraktioner, som telefoner eller andra tankar, och verkligen är där för den andra personen. Denna närvaro skapar en känsla av trygghet och visar att vi värderar relationen tillräckligt mycket för att ge den vår fulla uppmärksamhet.

Empatisk och konstruktiv kommunikation är en färdighet som tar tid att utveckla, men dess belöningar är stora. Genom att lyssna, förstå och uttrycka oss på ett respektfullt sätt kan vi skapa starkare och mer meningsfulla relationer. Vi bygger broar av förtroende, minskar konflikter och skapar en atmosfär där båda parter känner sig värdefulla och hörda. Och i slutändan är det dessa stunder av genuin anslutning som gör våra relationer – och våra liv – rikare.

3. Att identifiera och undvika giftiga relationer

Relationer är en viktig del av våra liv. De kan ge oss glädje, stöd och mening, men ibland kan vissa relationer ha en negativ inverkan på vår hälsa och vårt välbefinnande. Dessa relationer kallas ofta för giftiga relationer, och att lära sig identifiera och undvika dem är avgörande för att skapa ett liv fyllt av positivitet och balans. Men vad är det egentligen som gör en relation giftig, och hur kan vi skydda oss från dess negativa effekter?

En giftig relation kännetecknas inte alltid av uppenbart missbruk eller konflikter. Ofta är det subtilare mönster som långsamt bryter ner vår självkänsla och energi. Ett vanligt tecken på en giftig relation är en obalans i givande och tagande. Om du märker att du ständigt anstränger dig för att stödja och förstå den andra personen, men inte får samma engagemang tillbaka, kan det vara ett varningstecken. Relationer ska vara ömsesidiga, där båda parter känner sig värderade och uppskattade.

En annan indikator på en giftig relation är känslan av att alltid behöva gå på äggskal. Om du känner dig rädd för att uttrycka dina tankar eller känslor av rädsla för att det ska orsaka en konflikt eller få den andra personen att reagera negativt, är det ett tecken på att relationen inte är hälsosam. I en sund relation ska det finnas utrymme för öppen kommunikation utan rädsla för kritik eller avvisning.

Manipulativt beteende är också ett vanligt inslag i giftiga relationer. Detta kan ta formen av skuldmedvetenhet, där den andra personen får dig att känna dig skyldig för deras problem eller misslyckanden. Det kan också innebära att de försöker kontrollera dina val och begränsa din självständighet. Om du märker att någon ofta använder känslomässig manipulation för att få sin vilja igenom, är det viktigt att vara uppmärksam på hur detta påverkar din frihet och ditt välbefinnande.

Att identifiera giftiga relationer handlar också om att vara medveten om hur du känner dig i deras närvaro. Efter att ha tillbringat tid med den personen, känner du dig dränerad, osäker eller nedstämd? Eller känner du dig stärkt, glad och stöttad? Våra känslor kan vara en kraftfull indikator på relationens kvalitet. Om en relation ofta lämnar dig med negativa känslor, kan det vara ett tecken på att den har blivit giftig.

När vi väl har identifierat en giftig relation, vad kan vi göra för att skydda oss själva? Det första steget är att sätta gränser. Gränser är ett sätt att kommunicera vad vi är villiga att acceptera och vad vi behöver för att må bra. Om en person ständigt överskrider dina gränser, är det viktigt att tydligt uttrycka dem och stå fast vid dem. Till exempel, om någon ofta kritiserar dig på ett skadligt sätt, kan du säga: "Jag uppskattar vår relation, men jag behöver att vi respekterar varandras känslor. Jag vill inte att vi pratar på ett sätt som sårar mig."

I vissa fall kan det vara nödvändigt att distansera sig från relationen. Detta kan vara särskilt svårt om det handlar om en nära vän, familjemedlem eller partner. Men det är viktigt att komma ihåg att vi har rätt att prioritera vårt eget välbefinnande. Att avsluta en giftig relation är inte ett tecken på svaghet, utan ett modigt steg mot att skapa ett hälsosamt och balanserat liv. Om du känner dig osäker på hur du ska gå tillväga, kan det vara hjälpsamt att prata med en vän eller terapeut som kan ge stöd och vägledning.

En annan viktig del av att undvika giftiga relationer är att bygga och stärka relationer som är positiva och stöttande. När vi omger oss med människor som lyfter oss, hjälper oss att växa och ger oss kärlek och respekt, blir vi mindre sårbara för de negativa effekterna av giftiga relationer. Dessa positiva relationer fungerar som en buffert mot stress och hjälper oss att känna oss starkare och mer självsäkra.

Att undvika giftiga relationer handlar också om att lära känna och värdera oss själva. Ju starkare vår självkänsla är, desto mindre sannolikt är det att vi accepterar relationer som skadar oss. När vi vet vårt värde och vad vi förtjänar, blir det lättare att sätta gränser och stå upp för oss själva. Detta kan innebära att vi arbetar med att identifiera våra egna behov och att vara tydliga med vad vi vill ha och förväntar oss i en relation.

Slutligen är det viktigt att komma ihåg att ingen är perfekt, och att alla relationer kräver arbete. Men det finns en skillnad mellan att hantera normala utmaningar och att ständigt kämpa för att hålla en relation vid liv. Giftiga relationer tenderar att ta mer än de ger, och över tid kan de ha en allvarlig inverkan på vår mentala och emotionella hälsa. Genom att vara medvetna om tecknen på en giftig relation och ha modet att göra förändringar, kan vi skydda oss själva och skapa ett liv som är fyllt av positiva och hälsosamma relationer.

Att identifiera och undvika giftiga relationer är inte alltid lätt, men det är en viktig del av vår resa mot självrespekt och personlig tillväxt. Vi förtjänar alla att omges av människor som värderar och respekterar oss för dem vi är, och att ha relationer som stärker oss snarare än att bryta ner oss. Och när vi väljer att sätta vår egen hälsa och lycka först, tar vi ett kraftfullt steg mot att skapa ett liv som verkligen återspeglar vårt värde.

4.Att skapa djupa och meningsfulla förbindelser

Människor är sociala varelser, och våra relationer spelar en avgörande roll för vår lycka och välbefinnande. Men det är inte bara antalet relationer vi har som betyder något – det är kvaliteten på dessa förbindelser som verkligen gör skillnad. Djupa och meningsfulla relationer ger oss en känsla av tillhörighet, trygghet och förståelse. De är en plats där vi kan vara oss själva, där vi känner oss hörda och värderade, och där vi kan ge samma gåva till andra. Men hur skapar vi dessa förbindelser i en värld som ofta är fylld av distraktioner och ytlighet?

Att skapa djupa relationer börjar med närvaro. I en tid där vi ofta är upptagna med våra telefoner, sociala medier eller våra egna tankar, är det en gåva att vara fullt närvarande med en annan människa. När vi ger någon vår odelade uppmärksamhet, visar vi att vi värdesätter dem och att de är viktiga för oss. Det handlar inte bara om att höra vad de säger, utan om att verkligen lyssna – att försöka förstå deras känslor, tankar och erfarenheter utan att döma eller avbryta. När vi lyssnar med empati och intresse, öppnar vi dörren för djupare samtal och en starkare koppling.

Ett sätt att fördjupa relationer är att våga vara sårbar. Sårbarhet innebär att vi delar våra innersta tankar, känslor och drömmar med en annan person, även om det känns riskabelt. Det är genom att visa våra mänskliga sidor – våra rädslor, osäkerheter och hopp – som vi skapar en äkta koppling. När vi vågar vara sårbara, inspirerar vi också andra att göra detsamma, vilket skapar en atmosfär av öppenhet och förtroende. Till exempel, istället för att bara prata om vädret eller vardagliga ämnen, kan vi säga: "Jag har känt mig lite osäker på jobbet på sistone. Har du någonsin känt så?" Denna typ av delning öppnar upp för mer meningsfulla samtal.

Att visa genuint intresse för den andra personen är också avgörande för att skapa djupa relationer. Vi kan göra detta genom att ställa frågor som går bortom ytan, som: "Vad är något du är riktigt stolt över just nu?" eller "Vad drömmer du om att uppnå?" Dessa frågor visar att vi bryr oss om deras inre värld, inte bara om vad de gör på ytan. Det handlar också om att komma ihåg små detaljer om deras liv och följa upp senare – att fråga hur deras projekt gick, eller hur de mår efter en utmaning de nämnde.

Tillit är en annan grundläggande byggsten för meningsfulla förbindelser.

78

Tillit byggs inte över en natt, men den stärks genom konsekvent ärlighet, pålitlighet och respekt. När vi håller våra löften, visar oss pålitliga och respekterar den andra personens gränser, skapar vi en miljö där relationen kan blomstra. Om tilliten någon gång bryts, är det viktigt att vara villig att be om ursäkt och att arbeta för att återuppbygga den. Djupa relationer är inte perfekta, men de är flexibla och tål utmaningar när det finns en grund av tillit.

Att ge utan att förvänta sig något tillbaka är också en nyckel till djupa relationer. Ibland handlar det om små handlingar – som att lyssna när någon behöver prata, erbjuda hjälp när de är överväldigade, eller bara skicka ett uppmuntrande meddelande. Genom att visa att vi bryr oss på ett osjälviskt sätt, stärker vi bandet mellan oss och den andra personen. Detta innebär inte att vi ska låta oss utnyttjas, utan att vi ska vara generösa med vår tid och uppmärksamhet där det är genuint och ömsesidigt.

En annan viktig aspekt av djupa relationer är att acceptera och uppskatta den andra personen som de är. Alla människor har sina brister, och ibland kan dessa brister vara utmanande i relationer. Men att skapa en meningsfull förbindelse innebär att vi ser bortom ytan och uppskattar den unika individ som den andra personen är. Istället för att försöka ändra dem, kan vi fokusera på deras styrkor och det som gör dem speciella. Denna acceptans skapar en atmosfär av trygghet, där båda parter känner sig fria att vara sig själva.

Meningsfulla relationer kräver också tålamod och tid. I en värld som ofta rör sig snabbt, kan det vara frestande att förvänta sig omedelbara resultat. Men djupa relationer byggs över tid, genom gemensamma erfarenheter, ärliga samtal och ömsesidigt stöd. Det är de små, konsekventa handlingarna – som att fråga hur deras dag har varit, att vara där när de behöver stöd, eller att bara skratta tillsammans – som skapar en stark grund för relationen.

Att skapa djupa och meningsfulla förbindelser handlar inte bara om att hitta rätt personer, utan också om att vara rätt person. När vi arbetar med oss själva – att vara mer närvarande, generösa, och empatiska – attraherar vi relationer som speglar dessa egenskaper. Det är inte alltid lätt att vara sårbar eller att investera tid och energi i en relation, men belöningen är enorm: en känsla av gemenskap, förståelse och kärlek som berikar våra liv på ett sätt som inget annat kan.

Djupa relationer är som träd – de kräver vård, uppmärksamhet och tålamod för att växa. Men när de väl har rotat sig, kan de ge oss skugga, styrka och en känsla av förankring som varar livet ut. Genom att vara öppna, ärliga och engagerade i våra relationer, skapar vi förbindelser som inte bara är meningsfulla, utan också livsförändrande. Och kanske viktigast av allt, dessa relationer påminner oss om att vi aldrig är ensamma – att vi är en del av något större, och att vi är älskade för den vi är.

Kapitel 9: Verktyg för att upprätthålla långvarig positivitet

1.Strategier för tuffa dagar

Vi har alla dagar som känns tyngre än andra – dagar då inget verkar gå rätt, då energin är låg och då negativa tankar tar över. Tuffa dagar är en naturlig del av livet, och de kan kännas frustrerande och överväldigande. Men det är just på dessa dagar som våra mentala verktyg och strategier för positivitet blir extra viktiga. Att möta utmaningar med en medveten och positiv inställning handlar inte om att ignorera det som är svårt, utan om att hitta sätt att navigera genom stormen utan att låta den definiera oss.

En av de första strategierna för att hantera tuffa dagar är att acceptera dem som de är. Det är lätt att kämpa emot känslan av att något inte är som det ska, eller att döma oss själva för att vi inte känner oss "på topp". Men genom att acceptera att vissa dagar helt enkelt är svårare än andra, kan vi släppa en del av den inre konflikten. Säg till dig själv: "Det här är en tuff dag, och det är okej." Att ge dig själv tillåtelse att känna det du känner utan skuld eller skam kan vara otroligt befriande.

Ett annat kraftfullt verktyg är att bryta ner dagen i mindre, hanterbara delar. När allt känns överväldigande kan det hjälpa att fokusera på en sak i taget. Fråga dig själv: "Vad är det minsta jag kan göra just nu för att ta ett steg framåt?" Kanske handlar det om att ta en kort promenad, dricka ett glas vatten eller bara andas djupt i några minuter. Genom att fokusera på små handlingar kan vi skapa en känsla av framsteg, även när allt annat känns tungt.

På tuffa dagar är det också viktigt att påminna sig själv om att det är tillfälligt. Det kan kännas som att mörkret aldrig kommer att lätta, men inga känslor eller omständigheter varar för evigt. Påminn dig själv om tidigare gånger du har känt dig nedstämd och hur du till slut tog dig igenom det. Detta perspektiv kan ge dig styrka och hopp att fortsätta framåt, även när det känns svårt.

Tacksamhet är ett annat kraftfullt verktyg som kan hjälpa dig att skifta fokus på tuffa dagar. Även när det känns som att inget går rätt, finns det nästan alltid något att vara tacksam för – stora eller små saker. Det kan vara en väns vänliga ord, doften av nybryggt kaffe eller bara det faktum att du har en varm plats att vila på. Att skriva ner tre saker du är tacksam för kan vara ett enkelt, men effektivt sätt att förändra ditt perspektiv och skapa en känsla av ljus även i mörkret.

Att röra på kroppen är också en strategi som kan göra stor skillnad. När vi känner oss låga, är det lätt att fastna i en passivitet som förstärker våra negativa känslor. Men fysisk rörelse, även om det bara är några minuter av stretching eller en kort promenad, kan hjälpa till att frigöra endorfiner och förbättra vårt humör. Det handlar inte om att prestera, utan om att ge kroppen och sinnet en chans att komma i rörelse och bryta den negativa cykeln.

Socialt stöd är en annan viktig faktor på tuffa dagar. När vi känner oss nedstämda kan vi ha en tendens att isolera oss, men det är just då vi behöver våra nära och kära som mest. Att prata med en vän, en familjemedlem eller till och med en kollega kan ge oss perspektiv och påminna oss om att vi inte är ensamma i våra utmaningar. Ibland räcker det med att höra någon säga: "Jag förstår, och jag är här för dig" för att ge oss en känsla av tröst och styrka.

På tuffa dagar är det också viktigt att vara snäll mot sig själv. Vi har ofta höga krav och förväntningar på oss själva, men när vi inte mår bra, behöver vi ge oss själva tillåtelse att sänka tempot. Kanske handlar det om att ta en paus, att säga nej till en extra uppgift, eller att unna oss något som ger glädje – som att läsa en favoritbok, lyssna på musik eller ta ett varmt bad. Självomsorg är inte själviskt, utan en nödvändighet för att återfå energi och balans.

En annan strategi är att använda visualisering för att föreställa dig en ljusare framtid. Ta några minuter för att stänga ögonen och föreställa dig själv på en plats där du känner dig lugn och lycklig. Det kan vara en favoritstrand, en skogspromenad eller bara ditt hem fyllt av harmoni. Denna mentala övning kan ge dig en paus från dagens utmaningar och påminna dig om att bättre dagar väntar.

Slutligen, kom ihåg att ge dig själv beröm för varje steg du tar, oavsett hur litet det är. På tuffa dagar är det en prestation bara att fortsätta framåt, och det är viktigt att erkänna det. Säg till dig själv: "Jag gör så gott jag kan, och det är tillräckligt." Denna självbekräftelse kan hjälpa dig att känna dig stärkt och påminna dig om att du är starkare än du tror.

Tuffa dagar är oundvikliga, men de definierar inte oss. Genom att använda dessa strategier kan vi navigera genom svårigheterna med mer styrka och medkänsla för oss själva. Och när vi ser tillbaka på dessa stunder, inser vi att det är just i de svåra stunderna som vi lär oss mest om vår egen uthållighet och kapacitet att växa.

2.Att skapa en stödjande miljö för tillväxt

Personlig tillväxt är en resa som kräver mod, engagemang och rätt förutsättningar för att blomstra. En av de viktigaste faktorerna som påverkar vår förmåga att växa är den miljö vi befinner oss i – både den fysiska miljön och de sociala sammanhangen vi omger oss med. Att skapa en stödjande miljö för tillväxt handlar inte bara om att eliminera negativa influenser, utan också om att aktivt bygga en omgivning som inspirerar, uppmuntrar och stärker oss i vår strävan att nå våra mål och bli den bästa versionen av oss själva.

En stödjande miljö börjar ofta med de människor vi har omkring oss. Våra relationer påverkar oss på djupet, och därför är det avgörande att omge oss med personer som tror på oss, som lyfter oss och som vill vårt bästa. Fundera över vilka personer i ditt liv som ger dig energi och glädje, och vilka som kanske drar ner dig eller skapar onödig stress. Det betyder inte att vi måste avsluta alla relationer som känns utmanande, men det kan vara värdefullt att vara medveten om vilka relationer som stärker oss och vilka som kanske behöver justeras för att skapa en bättre balans.

Ett konkret sätt att bygga en stödjande social miljö är att aktivt söka upp människor som delar dina intressen, värderingar eller mål. Det kan vara genom att gå med i en grupp, delta i workshops eller nätverka i sammanhang där du kan möta likasinnade. Dessa människor kan fungera som inspirationskällor, mentorer eller bara som en påminnelse om att du inte är ensam i din resa. Till exempel, om du vill förbättra din hälsa, kan du söka upp en träningsgrupp där medlemmarna stöttar varandra. Om du arbetar på ett kreativt projekt, kan du hitta gemenskap i en grupp av andra kreativa som delar sina erfarenheter och utmaningar.

Miljön handlar dock inte bara om människor – den fysiska omgivningen spelar också en stor roll för vår tillväxt. Tänk på de platser där du tillbringar mest tid: ditt hem, din arbetsplats eller andra utrymmen där du vistas dagligen. Fråga dig själv: "Främjar dessa platser min tillväxt, eller håller de mig tillbaka?" En rörig, oorganiserad miljö kan skapa stress och distraktion, medan ett rent och inspirerande utrymme kan ge dig fokus och motivation. Att skapa en stödjande fysisk miljö kan handla om enkla saker, som att rensa bort onödiga föremål, lägga till element som inspirerar dig – som böcker, konst eller växter – eller att skapa en särskild plats för att arbeta, reflektera eller vila.

En annan viktig aspekt av en stödjande miljö är att ha tillgång till resurser som hjälper dig att växa. Detta kan vara böcker, podcasts, kurser eller verktyg som ger dig kunskap och inspiration. I en värld där information finns tillgänglig vid våra fingertoppar, är det enklare än någonsin att hitta resurser som matchar dina mål och intressen. Det viktiga är att välja kvalitativa källor som verkligen stärker dig, snarare än att överväldigas av all information som finns där ute. Skapa en vana att regelbundet avsätta tid för att lära dig något nytt, oavsett om det är genom att läsa, lyssna eller praktisera.

En stödjande miljö innebär också att sätta gränser för att skydda din energi och ditt fokus. Det kan handla om att begränsa distraktioner, som överdriven användning av sociala medier eller onödig multitasking, som ofta dränerar oss utan att ge något tillbaka. Fundera över vad som är viktigt för dig och vad som hindrar dig från att lägga tid och energi på det som verkligen betyder något. Genom att skapa tydliga gränser för vad du prioriterar, kan du frigöra utrymme för att fokusera på din tillväxt.

För att skapa en långsiktig stödjande miljö är det också viktigt att ha rutiner och vanor som främjar positivitet och utveckling. Det kan handla om att börja dagen med tacksamhet, att sätta dagliga mål eller att reflektera över vad som har gått bra och vad du har lärt dig. Dessa små, konsekventa handlingar bygger upp en mental och känslomässig grund som hjälper dig att navigera genom utmaningar och fortsätta växa.

En annan aspekt av att skapa en stödjande miljö är att vara snäll mot dig själv. Vi kan ibland vara våra egna största kritiker, och detta kan hindra oss från att känna oss fria att ta risker och göra misstag. Påminn dig själv om att tillväxt är en process, och att varje steg – oavsett hur litet det kan verka – är ett steg framåt. Att vara din egen största supporter är en av de mest kraftfulla saker du kan göra för att skapa en miljö som främjar tillväxt.

Slutligen, kom ihåg att en stödjande miljö är något som du kan skapa och forma aktivt. Det är inte alltid lätt, särskilt om du befinner dig i en situation där du känner att din nuvarande miljö inte stöder dig. Men varje liten förändring du gör – en positiv relation du bygger, en vana du utvecklar eller ett distraherande element du tar bort – bidrar till att skapa en miljö som stärker dig och dina mål.

Att skapa en stödjande miljö för tillväxt handlar inte om att sträva efter perfektion, utan om att omge sig med det som inspirerar, stöttar och stärker oss. Det handlar om att göra medvetna val som hjälper oss att växa, oavsett om det är genom att vårda våra relationer, anpassa vår fysiska miljö eller utveckla positiva vanor. När vi tar ansvar för vår omgivning och ser den som en del av vår personliga resa, öppnar vi dörren för en värld av möjligheter där vi kan blomstra fullt ut.

3.Undvika känslomässig och mental utmattning

I en värld som ständigt kräver vår uppmärksamhet och energi är känslomässig och mental utmattning ett allt vanligare fenomen. Det kan börja smygande, som en subtil trötthet eller svårighet att fokusera, men om det inte hanteras kan det utvecklas till något mer allvarligt, som utbrändhet eller långvarig stress. Att förstå hur vi kan identifiera och undvika känslomässig och mental utmattning är avgörande för att skydda vårt välbefinnande och skapa en hållbar livsstil.

En av de första tecknen på känslomässig och mental utmattning är en känsla av överväldigande. Det kan kännas som att det inte finns tillräckligt med timmar på dagen för att hantera allt som behöver göras, eller att varje liten uppgift kräver enorma mängder energi. Denna känsla kan förstärkas av en inre dialog som säger att vi måste göra mer, prestera bättre eller alltid finnas till för andra. Därför är det första steget för att undvika utmattning att känna igen dessa varningssignaler och stanna upp för att reflektera över vad som orsakar dem.

Ett effektivt sätt att förebygga känslomässig och mental utmattning är att sätta gränser. Många av oss har svårt att säga nej, särskilt när det handlar om att hjälpa andra eller ta på oss nya uppgifter. Men att konstant säga ja till allt och alla kan leda till att vi tömmer våra egna resurser. Gränser handlar inte om att vara självisk, utan om att respektera vår egen tid och energi. Det kan innebära att avsätta tid för återhämtning, att begränsa mängden arbete vi tar på oss, eller att vara tydlig med vad vi kan och inte kan göra. Genom att sätta gränser skapar vi utrymme för att ta hand om oss själva och behålla vår balans.

Självomsorg är en annan viktig nyckel till att undvika utmattning. Vi kan inte alltid kontrollera de yttre kraven på oss, men vi kan välja hur vi tar hand om oss själva. Självomsorg handlar om att lyssna på våra kroppar och sinnen och ge dem vad de behöver. Det kan vara så enkelt som att ta en paus, sova tillräckligt, äta näringsrik mat eller att hitta tid för saker som ger oss glädje. Självomsorg handlar också om att vara snäll mot oss själva när vi känner oss överväldigade. Att säga till sig själv: "Jag gör så gott jag kan, och det är tillräckligt" kan vara en kraftfull påminnelse om att vi inte behöver vara perfekta.

Att hantera vår tid och våra prioriteringar är också avgörande för att undvika utmattning. Många gånger känner vi oss överväldigade för att vi försöker göra allt på en gång. Genom att organisera våra uppgifter och fokusera på det som är viktigast kan vi minska stressen och öka vår effektivitet. Det kan vara hjälpsamt att använda tekniker som att göra en att-göra-lista, att dela upp stora projekt i mindre steg, eller att avsätta specifika tider för att arbeta med olika uppgifter. Genom att skapa en tydlig struktur för vår tid kan vi minska känslan av kaos och istället känna oss mer i kontroll.

Socialt stöd är också en viktig del av att hantera känslomässig och mental utmattning. När vi känner oss ensamma med våra problem kan de kännas ännu tyngre, men att dela våra tankar och känslor med någon vi litar på kan ge oss ett nytt perspektiv och en känsla av lättnad. Det kan vara en vän, en familjemedlem eller till och med en terapeut som kan hjälpa oss att bearbeta våra känslor och hitta strategier för att hantera stress. Att ha ett starkt socialt nätverk är inte bara en källa till tröst, utan också en viktig faktor för att bygga vår motståndskraft.

En annan strategi för att undvika utmattning är att inkludera regelbunden fysisk aktivitet i vår vardag. Motion är inte bara bra för kroppen, utan också för sinnet. Det frigör endorfiner, som är naturliga humörhöjare, och hjälper oss att hantera stress. Det behöver inte vara komplicerat – en kort promenad, yoga eller några minuters stretching kan göra stor skillnad. Det viktiga är att hitta en aktivitet som vi tycker om och som hjälper oss att släppa på spänningar.

Mindfulness och meditation är också kraftfulla verktyg för att hantera känslomässig och mental stress. Dessa metoder hjälper oss att vara närvarande i stunden och att släppa negativa tankar som ofta driver oss mot utmattning. Genom att öva på att vara medvetna om våra tankar och känslor utan att döma dem, kan vi skapa en känsla av lugn och klarhet, även när livet känns överväldigande.

Slutligen, att påminna oss själva om varför vi gör det vi gör kan ge oss motivation och styrka att fortsätta. När vi känner oss utmattade är det lätt att tappa fokus på det större sammanhanget, men att reflektera över våra mål och värderingar kan ge oss energi att navigera genom utmaningar. Fråga dig själv: "Vad är det som verkligen är viktigt för mig? Hur kan jag fokusera på det och släppa det som inte bidrar till mitt välbefinnande?"

Att undvika känslomässig och mental utmattning handlar inte om att eliminera alla stressfaktorer i våra liv – det är omöjligt. Istället handlar det om att skapa en balans där vi kan möta livets krav utan att förlora oss själva. Genom att sätta gränser, ta hand om oss själva och söka stöd när vi behöver det, kan vi bygga en hållbar livsstil som stärker oss både känslomässigt och mentalt. Och viktigast av allt, vi kan påminna oss själva om att vi är värda att må bra – inte bara ibland, utan varje dag.

4.Konsistensens kraft i positivt tänkande

Positivt tänkande är som en muskel – ju mer vi använder och tränar den, desto starkare blir den. Men precis som med fysisk träning, kräver utvecklingen av en positiv attityd regelbundenhet och uthållighet. Konsistens är nyckeln till att göra positivt tänkande till en naturlig del av vårt liv, snarare än något vi bara tillämpar i korta stunder. Det handlar om att skapa en vana som stärker oss mentalt och emotionellt, dag efter dag, oavsett omständigheterna.

Att förstå kraften i konsistens börjar med att inse att positivt tänkande inte handlar om att ignorera problem eller låtsas som om allt är perfekt. Det är snarare en medveten process där vi väljer att fokusera på lösningar, möjligheter och det som ger oss styrka, även när livet känns utmanande. Konsistens i denna inställning hjälper oss att bygga en stabil grund av mental motståndskraft, så att vi bättre kan hantera både vardagliga stressfaktorer och större livskriser.

En av de största fördelarna med att tillämpa positivt tänkande konsekvent är att det formar våra tankemönster. Våra hjärnor är anmärkningsvärt anpassningsbara och har en förmåga att omforma sig baserat på våra vanor. Om vi ofta låter negativa tankar dominera, blir det lättare för hjärnan att automatiskt välja dessa tankar. Men genom att regelbundet öva på att identifiera och ersätta negativa tankar med mer positiva och konstruktiva, kan vi skapa nya neurala kopplingar som gör positivt tänkande till vår standardinställning.

Konsistens i positivt tänkande hjälper oss också att bygga förtroende för oss själva och våra förmågor. När vi ständigt påminner oss själva om våra styrkor och tidigare framgångar, börjar vi tro mer på vår kapacitet att hantera utmaningar. Det handlar inte om att vara arrogant, utan om att ha en hälsosam självbild som stärker oss snarare än att hålla oss tillbaka. Till exempel, om du möter en svår situation på jobbet och konsekvent påminner dig själv om att du tidigare har löst liknande problem, bygger du en inre styrka som gör det lättare att agera med självförtroende.

Att vara konsekvent med positivt tänkande innebär också att vi aktivt väljer att söka det positiva i vår omgivning. Det betyder inte att vi ignorerar det negativa, utan att vi balanserar vår syn genom att uppskatta det som faktiskt fungerar och gläder oss. Detta kan vara något så enkelt som att börja varje dag med att tänka på tre saker vi är tacksamma för, eller att avsluta dagen med att reflektera över något positivt som hände, hur litet det än må vara. Dessa små, dagliga handlingar bygger upp en vana av positivitet som kan ha en stor inverkan på vårt humör och vår livssyn.

En annan viktig aspekt av konsistens är att det hjälper oss att hålla oss på rätt spår även när vi stöter på motgångar. Livet är fullt av oväntade utmaningar, och det är lätt att låta dessa dra oss ner i negativa tankespiraler. Men om vi har övat på positivt tänkande under en längre tid, blir det lättare att återhämta oss från sådana stunder. Vi kan snabbare reflektera över vad vi kan lära oss av situationen, vad vi kan göra härnäst, och hur vi kan behålla vårt fokus på det som är viktigt för oss.

Konsistensens kraft ligger också i dess förmåga att påverka vår omgivning. När vi regelbundet tillämpar positivt tänkande, börjar det smitta av sig på de människor vi interagerar med. Vår attityd och våra handlingar fungerar som en modell för andra, och vi kan inspirera dem att också tänka och agera mer positivt. Detta skapar en kedjereaktion där vår egen positiva inställning bidrar till en mer stöttande och uppmuntrande miljö, både i våra personliga relationer och på arbetsplatsen.

En av de största utmaningarna med konsistens är att det kräver engagemang och tålamod. Det är lätt att känna sig inspirerad att tänka positivt efter att ha läst en bok, lyssnat på en föreläsning eller upplevt en upplyftande händelse. Men när inspirationen falnar och vardagen tar över, kan det kännas svårt att hålla fast vid dessa vanor. Därför är det viktigt att skapa konkreta rutiner som hjälper oss att upprätthålla positiviteten. Det kan vara något så enkelt som att sätta en påminnelse på telefonen för att ta en paus och tänka på något positivt, eller att avsätta några minuter varje dag för att meditera eller skriva i en tacksamhetsdagbok.

Det är också viktigt att komma ihåg att konsistens inte betyder perfektion. Det kommer dagar då det känns svårare att tänka positivt, och det är helt okej. Poängen är inte att alltid vara perfekt, utan att försöka igen nästa dag, och nästa. Varje gång vi väljer positivitet, även i små doser, stärker vi vår förmåga att göra det igen. Det är som att ta små steg framåt – även om vi ibland tappar fotfästet, rör vi oss i rätt riktning så länge vi fortsätter försöka.

Slutligen, konsistens i positivt tänkande ger oss en känsla av kontroll och egenmakt. När vi aktivt arbetar med våra tankar och vår inställning, blir vi mindre beroende av yttre omständigheter för att må bra. Vi inser att vi har makten att påverka hur vi upplever världen, oavsett vad som händer omkring oss. Denna insikt är inte bara stärkande, utan också en påminnelse om att vi kan skapa ett liv som återspeglar våra drömmar och värderingar.

Konsistens är en process som kräver tid och engagemang, men belöningarna är enorma. Genom att göra positivt tänkande till en daglig vana, kan vi skapa en grund av styrka, glädje och balans som bär oss genom livets alla upp- och nedgångar. Det handlar inte om att vara perfekt, utan om att vara medveten och engagerad i vår egen tillväxt och vårt eget välbefinnande. Och det börjar med ett enkelt, konsekvent val – att välja positivitet, om och om igen.

Kapitel 10: Föreställ dig ett liv fyllt av positivitet

1.Definiera din vision för ett positivt liv

Att föreställa sig ett liv fyllt av positivitet är som att måla en tavla av det liv vi innerst inne vill leva. Det handlar inte bara om att drömma om lycka och framgång, utan om att konkretisera vad ett positivt liv betyder för oss personligen och att ta aktiva steg mot att skapa det. Genom att definiera vår vision för ett positivt liv ger vi oss själva en klar riktning och en känsla av syfte, vilket kan inspirera oss att agera och navigera våra dagar med medvetenhet och hopp.

För att definiera din vision för ett positivt liv behöver du börja med att reflektera över vad positivitet faktiskt innebär för dig. Det kan vara olika för olika människor. För vissa kan det handla om att ha harmoniska relationer, medan det för andra kan innebära att känna en inre frid, att uppnå personliga mål, eller att bidra till något större än sig själva. Fråga dig själv: Vad får mig att känna mig mest levande? Vilka stunder i mitt liv har gett mig den största känslan av glädje och mening? Genom att svara på dessa frågor börjar du lägga grunden för din personliga definition av ett positivt liv.

När du reflekterar över din vision, är det också viktigt att tänka bortom yttre framgångar och prestationer. Även om karriär, materiella framgångar och andra externa mål kan vara en del av din vision, bör fokus ligga på hur du vill känna dig i ditt dagliga liv. Är det frid, glädje, tacksamhet eller kanske en känsla av äventyr och upptäckarlust? Genom att fokusera på känslor snarare än bara konkreta mål, säkerställer du att din vision är förankrad i det som verkligen betyder något för dig, snarare än i vad samhället eller andra förväntar sig av dig.

En annan viktig del av att definiera din vision är att tänka på balansen mellan olika aspekter av ditt liv. Ett positivt liv handlar ofta om harmoni – mellan arbete och fritid, mellan prestation och återhämtning, mellan att ge till andra och att ta hand om sig själv. Fundera över vilka områden i ditt liv som känns mest balanserade och vilka som kan behöva mer uppmärksamhet. Till exempel, om du känner att du lägger för mycket tid på arbete och för lite på relationer, kan din vision inkludera att skapa mer tid för familj och vänner. Om du känner att du ofta prioriterar andras behov framför dina egna, kan din vision innebära att lära dig sätta gränser och prioritera din egen hälsa och lycka.

Visualisering är ett kraftfullt verktyg för att hjälpa dig skapa en tydlig bild av din vision. Ta dig tid att föreställa dig hur ditt liv skulle se ut om det var fyllt av positivitet. Föreställ dig en typisk dag i det liv du drömmer om – vad gör du, vilka är du med, hur känner du dig? Låt dessa bilder bli så detaljerade och levande som möjligt. Kanske vaknar du upp och känner dig energifylld och tacksam. Kanske spenderar du din dag med att göra arbete som känns meningsfullt, omgiven av människor som stöttar och inspirerar dig. Eller kanske avslutar du dagen med tid för reflektion och njutning av de små sakerna i livet. Genom att skapa en mental bild av detta liv, ger du dig själv en karta att följa.

När du har definierat din vision är nästa steg att bryta ner den i mindre, konkreta mål. Ett positivt liv byggs inte över en natt – det är en process som kräver små, konsekventa steg. Om din vision till exempel inkluderar att ha bättre hälsa, kan ett första steg vara att börja med dagliga promenader eller att förbättra din kost. Om din vision handlar om att ha djupare relationer, kan ett steg vara att avsätta tid varje vecka för att träffa vänner eller att ringa en familjemedlem. Dessa små handlingar kan kännas enkla, men de är kraftfulla byggstenar för att skapa det liv du drömmer om.

Det är också viktigt att din vision är flexibel och anpassningsbar. Livet förändras, och det gör också våra drömmar och prioriteringar. Ge dig själv tillåtelse att justera din vision när du växer och lär dig mer om dig själv. Det som känns viktigt för dig idag kanske inte är det som betyder mest om fem eller tio år, och det är helt okej. Ett positivt liv handlar inte om att följa en stel plan, utan om att vara öppen för nya möjligheter och att ständigt sträva efter att leva i linje med dina värderingar.

Slutligen, kom ihåg att ett positivt liv inte handlar om att alltid vara lycklig eller att undvika svårigheter. Det handlar om att ha verktygen, attityden och styrkan att möta livets utmaningar med hopp och motståndskraft. Det handlar om att välja att fokusera på det som är bra, även i de mörkaste stunderna, och att hitta mening och glädje i både stora och små ögonblick.

Att definiera din vision för ett positivt liv är en gåva till dig själv. Det är en påminnelse om att du har makten att skapa det liv du vill leva, och att varje dag är en ny möjlighet att ta ett steg närmare den visionen. Genom att ta dig tid att reflektera över vad som verkligen betyder något för dig, och genom att agera med konsistens och intention, kan du inte bara föreställa dig ett liv fyllt av positivitet – du kan också leva det.

2.Sätta mål som är i linje med dina värderingar

Att sätta mål är en grundläggande del av personlig utveckling, men alla mål är inte skapade lika. Många gånger sätter vi upp mål baserade på vad vi tror att vi *borde* göra – kanske för att samhället, vår familj eller våra kollegor förväntar sig det av oss. Men mål som inte är i linje med våra innersta värderingar riskerar att kännas tomma och svåra att uppnå, eftersom de inte är förankrade i det som verkligen betyder något för oss. För att skapa ett meningsfullt och positivt liv är det avgörande att sätta mål som speglar våra personliga värderingar och som stärker vår känsla av syfte och riktning.

Värderingar är de principer som fungerar som vår inre kompass. De kan handla om allt från att prioritera familj och hälsa till att sträva efter kreativitet, frihet eller bidrag till samhället. Att sätta mål som är i linje med dina värderingar innebär att du först behöver identifiera vad som är viktigast för dig. Detta kan kräva lite självreflektion. Fråga dig själv: Vad ger mig mest glädje och mening? Vilka ögonblick i mitt liv har jag varit som lyckligast? Vad vill jag att människor ska komma ihåg mig för? Svaren på dessa frågor kan ge dig en tydlig bild av dina värderingar och fungera som en grund för att sätta mål.

När du har identifierat dina värderingar, är nästa steg att koppla dem till konkreta mål. Om en av dina kärnvärderingar till exempel är hälsa, kan ett mål vara att börja träna regelbundet eller att förbättra din kost. Om du värderar kreativitet, kan ett mål vara att ta upp en konstnärlig hobby eller att skapa tid för skrivande. Genom att koppla dina mål till dina värderingar skapar du en starkare motivation att faktiskt arbeta mot dem, eftersom du vet att de är meningsfulla för dig.

Att sätta mål som är i linje med dina värderingar innebär också att du behöver prioritera kvalitet framför kvantitet. Det är lätt att bli överväldigad av alla möjliga saker vi kan sträva efter, men för många mål samtidigt kan splittra vår energi och minska chansen att lyckas. Fokusera istället på ett fåtal mål som verkligen resonerar med dina värderingar och som har potential att göra en stor skillnad i ditt liv. Dessa mål ska kännas inspirerande och givande, snarare än som ytterligare en punkt på en redan lång att-göra-lista.

Ett annat viktigt steg är att säkerställa att dina mål är realistiska och uppnåeliga. Många av oss sätter upp mål som är så stora och ambitiösa att de känns överväldigande redan från början. Istället för att säga, "Jag ska förändra hela min livsstil på en månad," kan du bryta ner målet i mindre, hanterbara steg som känns genomförbara. Till exempel, om du värderar personlig utveckling och vill läsa fler böcker, kan du börja med att sätta ett mål att läsa en bok i månaden istället för att försöka plöja igenom en bok i veckan.

För att verkligen förankra dina mål i dina värderingar kan det vara hjälpsamt att skriva ner dem och påminna dig själv om varför de är viktiga. Till exempel, om du sätter ett mål att spendera mer tid med din familj, kan du skriva ner något som: "Jag vill vara mer närvarande för mina nära och kära eftersom det stärker våra relationer och ger mig glädje." Att ha denna påminnelse kan hjälpa dig att hålla fokus när vardagen blir hektisk eller när motivationen sviktar.

Ett annat sätt att säkerställa att dina mål är i linje med dina värderingar är att visualisera hur det skulle kännas att uppnå dem. Föreställ dig att du har nått ditt mål – hur påverkar det ditt liv? Känner du dig mer uppfylld, glad och i harmoni med dina värderingar? Denna övning kan hjälpa dig att bedöma om ett mål verkligen är värt att sträva efter, eller om det kanske är något du har satt upp av yttre påverkan snarare än av ditt eget inre driv.

Det är också viktigt att regelbundet utvärdera dina mål och justera dem vid behov. Livet är dynamiskt, och våra värderingar kan förändras över tid. Ett mål som kändes relevant för ett år sedan kanske inte längre är lika viktigt. Genom att stanna upp och reflektera över dina framsteg och hur dina mål passar in i din nuvarande livssituation, kan du säkerställa att du alltid arbetar mot något som verkligen betyder något för dig.

Att sätta mål som är i linje med dina värderingar innebär också att ge dig själv tillåtelse att misslyckas och att se dessa misslyckanden som möjligheter att lära och växa. När du arbetar mot mål som är förankrade i dina värderingar, blir processen lika viktig som slutresultatet. Det handlar inte bara om att nå målet, utan om att leva i enlighet med det du står för och att skapa en vardag som reflekterar dina djupaste önskningar och prioriteringar.

Slutligen, kom ihåg att dina mål inte behöver vara monumentala för att vara meningsfulla. Ett litet steg i riktning mot det du värdesätter kan göra en enorm skillnad i hur du känner dig varje dag. Det kan vara att avsätta fem minuter för meditation, att skicka ett vänligt meddelande till en vän, eller att ta en kort promenad i naturen. Dessa små handlingar är byggstenarna för ett liv som är i linje med dina värderingar och som ger dig en känsla av syfte och glädje.

Att sätta mål som är i linje med dina värderingar är en handling av självrespekt och medvetenhet. Det är ett sätt att hedra det som är viktigt för dig och att skapa ett liv som känns äkta och meningsfullt. Genom att ta dig tid att reflektera över vad du verkligen vill och varför, och genom att agera med intention och uthållighet, kan du bygga en framtid som speglar den person du vill vara och det liv du vill leva. Och kanske viktigast av allt – du kommer att känna att varje steg du tar, hur litet det än är, leder dig närmare det liv du drömmer om.

3.Fira små framgångar längs vägen

I en värld där vi ofta fokuserar på stora prestationer och långsiktiga mål, är det lätt att förbise de små framgångar som faktiskt bygger grunden för vår resa. Men att fira dessa små framgångar är inte bara viktigt – det är avgörande. Det är genom att uppmärksamma och uppskatta varje steg vi tar, oavsett hur litet det kan tyckas, som vi bygger momentum, stärker vår motivation och påminner oss själva om att vi är på rätt väg. Små framgångar är de osynliga trappsteg som leder oss mot våra drömmar, och varje steg förtjänar att firas.

Att fira små framgångar handlar om att ändra vårt perspektiv. Ibland känns det som att framgång endast är värd att uppmärksammas när vi har uppnått något stort och synligt – som att avsluta ett stort projekt, nå ett viktigt karriärmål eller göra en betydande livsförändring. Men i verkligheten är det de små, dagliga handlingarna som driver oss framåt. Att fira dessa handlingar hjälper oss att känna igen och uppskatta vår egen ansträngning, vilket i sin tur stärker vår tro på att vi kan uppnå ännu mer.

Till exempel, om ditt mål är att förbättra din hälsa, kan en liten framgång vara att du valde att ta trapporna istället för hissen, eller att du lagade en näringsrik måltid istället för att äta ute. Om ditt mål är att skriva en bok, kan en liten framgång vara att du skrev en enda mening eller att du tog dig tid att tänka på en ny idé. Dessa handlingar kanske inte känns betydelsefulla i stunden, men de är en del av den större bilden och förtjänar att erkännas.

Att fira små framgångar handlar också om att skapa en positiv koppling till processen. När vi uppmärksammar våra framsteg, oavsett hur små de är, skickar vi ett meddelande till oss själva att vårt hårda arbete och vår ansträngning är värda att uppskattas. Detta gör att vi blir mer motiverade att fortsätta, eftersom vi börjar associera vår resa med känslor av glädje och tillfredsställelse snarare än press och krav. Det är som att ge oss själva små belöningar som stärker vårt engagemang och hjälper oss att hålla fokus.

Men hur kan vi fira små framgångar på ett meningsfullt sätt? Det behöver inte vara något stort eller extravagant – ibland räcker det med att bara stanna upp och ge oss själva en mental klapp på axeln. Säg till dig själv: "Bra jobbat! Jag tog ett steg framåt idag." Du kan också dela din framgång med en vän eller familjemedlem som stöttar dig. Att höra någon annan säga: "Jag är stolt över dig" kan förstärka känslan av att din ansträngning betyder något.

En annan metod är att skapa en ritual för att fira dina framgångar. Det kan vara något så enkelt som att skriva ner dina framgångar i en dagbok varje kväll, att ta en kort promenad som belöning, eller att unna dig något du tycker om, som en kopp te eller en stunds avkoppling med en bra bok. Ritualen behöver inte vara stor eller tidskrävande – det viktiga är att den hjälper dig att stanna upp och reflektera över vad du har åstadkommit.

Att fira små framgångar hjälper oss också att hantera känslan av att vi inte gör tillräckligt. Många av oss har en tendens att vara hårda mot oss själva och att känna att vi alltid borde göra mer. Men när vi uppmärksammar de steg vi faktiskt tar, påminner vi oss själva om att framgång är en resa, inte en destination. Vi börjar se värdet i de små framstegen och inser att de är lika viktiga som de stora målen.

Det är också värt att nämna att fira små framgångar inte bara påverkar oss mentalt, utan också fysiskt. När vi känner oss stolta eller glada över något vi har uppnått, frigör hjärnan dopamin, en signalsubstans som ger oss en känsla av välbehag och belöning. Detta skapar en positiv förstärkningscykel som gör oss mer benägna att fortsätta med de beteenden som ledde till framgången. På så sätt blir varje liten firande en del av en större process som driver oss framåt.

Att fira små framgångar kan också hjälpa oss att skapa en djupare koppling till våra värderingar och mål. När vi stannar upp och reflekterar över varför en viss framgång känns viktig, blir vi mer medvetna om vad som verkligen betyder något för oss. Till exempel, om du firar att du tog dig tid för en vän, kan du påminnas om att relationer är en av dina kärnvärderingar. Denna medvetenhet kan hjälpa dig att göra ännu bättre val framöver och att känna dig mer i linje med ditt syfte.

Slutligen, att fira små framgångar är ett sätt att njuta av resan, inte bara målet. Livet är fullt av små ögonblick av framgång som ofta går obemärkta förbi. Genom att ta oss tid att uppskatta dessa stunder, ger vi oss själva tillåtelse att känna glädje och stolthet här och nu, istället för att ständigt jaga efter nästa stora sak.

Att fira små framgångar är en påminnelse om att varje steg framåt räknas. Det är en handling av självmedkänsla, tacksamhet och uppskattning för det arbete vi lägger ner för att nå våra drömmar. Så nästa gång du tar ett steg, hur litet det än är, ge dig själv den respekt och glädje du förtjänar. För det är i dessa små steg som de stora förändringarna börjar.

4.Din resa för att förvandla ditt liv inifrån

Att förvandla sitt liv inifrån är en resa som börjar med en enkel, men kraftfull insikt: verklig förändring kommer inte från yttre omständigheter, utan från vårt inre. Det handlar om att förstå att våra tankar, känslor och handlingar formar

94

den värld vi lever i. Genom att skifta vårt fokus från att försöka kontrollera det som händer runt omkring oss till att istället arbeta med det som sker inom oss, öppnar vi dörren till en djupare, mer varaktig förändring. Det är en resa som kräver mod, engagemang och tålamod, men belöningen är ett liv som känns mer autentiskt, meningsfullt och glädjefyllt.

Resan börjar med självmedvetenhet. För att förändra något måste vi först förstå det. Vad tänker du om dig själv, dina möjligheter och din plats i världen? Hur påverkar dessa tankar de val du gör och de resultat du uppnår? Många av oss går genom livet med undermedvetna mönster som håller oss tillbaka – gamla övertygelser om vad vi är kapabla till, eller rädslor som hindrar oss från att ta risker. Genom att stanna upp och reflektera över dessa mönster, kan vi börja identifiera vad som tjänar oss och vad som inte gör det. Detta är grunden för inre transformation.

När vi har blivit medvetna om våra tankar och känslor, är nästa steg att ta ansvar för dem. Detta betyder inte att vi ska skuldbelägga oss själva för våra utmaningar eller brister, utan snarare att vi erkänner vår egen makt att välja hur vi reagerar på livet. Vi kanske inte kan kontrollera allt som händer oss, men vi kan alltid kontrollera hur vi hanterar det. Detta är kärnan i att förvandla sitt liv inifrån – att flytta vårt fokus från det vi inte kan kontrollera till det vi kan påverka.

En viktig del av denna resa är att skapa en vision för det liv vi vill leva. Att föreställa sig själv som den person vi strävar efter att bli – någon som lever med självförtroende, glädje och balans – kan ge oss en känsla av riktning och syfte. Men det är inte bara visionen i sig som är viktig, utan också känslan som följer med den. Hur skulle det kännas att leva det liv du drömmer om? Genom att visualisera denna känsla och hålla fast vid den som en kompass, kan vi börja ta steg som för oss närmare vår vision.

Handlingskraft är en annan nyckelkomponent i att förvandla sitt liv inifrån. Det räcker inte att bara tänka positivt eller drömma om förändring – vi måste också agera. Men dessa handlingar behöver inte vara stora eller dramatiska. Faktum är att det är de små, konsekventa stegen som ofta gör den största skillnaden. Att ta fem minuter varje dag för att meditera, skriva ner vad vi är tacksamma för, eller planera vår dag med intention kan kännas enkelt, men över tid kan dessa handlingar skapa en djupgående förändring.

På denna resa är det också viktigt att omfamna motgångar som en del av processen. Förändring är sällan en rak linje, och vi kommer att stöta på hinder längs vägen. Men istället för att se dessa hinder som misslyckanden, kan vi välja att se dem som möjligheter att lära och växa. Varje gång vi möter en utmaning och hittar ett sätt att övervinna den, stärker vi vårt inre och bygger vår motståndskraft. Dessa stunder av kamp och triumf är ofta de som formar oss mest.

Självmedkänsla är en annan avgörande aspekt av att förvandla sitt liv inifrån. När vi arbetar med oss själva är det lätt att bli kritiska och otåliga – att känna att vi borde vara bättre, snabbare eller starkare. Men att förvandla sitt liv handlar inte om att bli perfekt, utan om att bli mer autentisk. Det innebär att acceptera oss själva precis som vi är, samtidigt som vi strävar efter att växa. Genom att vara snälla mot oss själva, särskilt i stunder av svårighet, skapar vi en inre miljö av stöd och trygghet som gör det möjligt att fortsätta framåt.

En annan nyckel är att odla tacksamhet och uppskattning för det vi redan har. På vår resa mot förändring är det lätt att bli så fokuserade på det vi vill uppnå att vi glömmer att uppskatta det som redan är bra i våra liv. Men genom att regelbundet stanna upp och reflektera över det vi är tacksamma för, skapar vi en känsla av överflöd och tillfredsställelse som stärker oss på vår väg. Tacksamhet hjälper oss att se att vi redan har allt vi behöver för att börja förvandla våra liv – att styrkan och potentialen finns inom oss, redo att aktiveras.

Slutligen handlar resan för att förvandla sitt liv inifrån om att hitta glädje i själva processen. Det är lätt att fastna i tanken att vi kommer att vara lyckliga *när* vi når vårt mål – när vi får det jobbet, uppnår den hälsan eller bygger den relationen. Men sann lycka och positivitet kommer inte från att nå ett mål, utan från hur vi väljer att leva varje dag. Genom att fokusera på de små ögonblicken av glädje, mening och framgång som vi möter längs vägen, kan vi skapa ett liv som känns positivt och tillfredsställande redan nu.

Att förvandla sitt liv inifrån är inte en snabb process, och det finns ingen enkel formel som fungerar för alla. Men genom att vara medveten, engagerad och tålmodig kan vi börja skapa en förändring som känns äkta och hållbar. Det är en resa som kräver att vi möter oss själva med öppenhet och ärlighet, men som också belönar oss med en djupare känsla av syfte, glädje och harmoni. Och det bästa av allt är att denna resa aldrig tar slut – den är en kontinuerlig möjlighet att växa, lära och upptäcka allt det fantastiska som livet har att erbjuda.

Slutsats

1.Sammanfattning av stegen för ett mer positivt liv

Att skapa ett liv fyllt av positivitet är en resa, inte en destination. Det är en process som kräver tid, tålamod och en medveten ansträngning att förändra våra tankemönster, beteenden och perspektiv. Men den goda nyheten är att varje steg du tar på denna väg leder dig närmare ett liv som känns mer meningsfullt, glädjefyllt och balanserat. Låt oss ta en stund att reflektera över de nyckelsteg som kan hjälpa dig att bygga en stabil grund för ett mer positivt liv.

För det första handlar det om att förstå kraften i ditt tänkande. Våra tankar är som en lins genom vilken vi ser världen. När vi lär oss att bli medvetna om våra tankemönster och aktivt arbeta med att förändra negativa tankar till positiva, börjar vi se möjligheter istället för hinder. Detta är inte alltid lätt, särskilt inte när livet känns svårt, men det är just i dessa stunder som ett positivt tankesätt kan bli vår största styrka. Att reflektera över våra tankar och välja att fokusera på det som stärker oss är ett av de första stegen mot ett mer positivt liv.

Nästa steg är att bygga vanor som stödjer din positiva inställning. Vanor är grunden för våra dagliga liv, och små förändringar kan leda till stora resultat över tid. Att börja dagen med en stund av tacksamhet, att öva på mindfulness eller att skapa tid för reflektion är exempel på vanor som kan hjälpa dig att hålla fast vid en positiv attityd, även när livet känns utmanande. Genom att skapa dessa rutiner gör du positivitet till en naturlig del av din vardag.

Att möta utmaningar med styrka och motståndskraft är också en viktig del av resan. Livet kommer alltid att ha sina upp- och nedgångar, men genom att omformulera motgångar som lärdomar kan vi växa av dem istället för att låta dem hålla oss tillbaka. Att lära sig att hantera stress, att se misstag som en del av vår utveckling och att hitta mening i svåra tider hjälper oss att hålla fast vid positiviteten, även när det stormar.

Visualisering är ett annat kraftfullt verktyg för att skapa ett mer positivt liv. Genom att föreställa oss de mål och drömmar vi vill uppnå, och genom att visualisera hur det känns att redan ha nått dem, kan vi skapa en tydlig väg att följa. Visualisering fungerar som en mental träningsplats där vi förbereder oss för framgång och bygger upp vårt självförtroende. När vi ser oss själva lyckas, börjar vi också tro på att det är möjligt.

En annan viktig aspekt är att lära sig att släppa taget om det som inte längre tjänar oss. Oavsett om det handlar om att förlåta andra, att släppa negativa tankemönster eller att gå vidare från relationer som inte längre är hälsosamma, är förmågan att släppa taget avgörande för att skapa plats för något nytt och bättre. Detta kräver mod, men det ger oss också friheten att leva mer autentiskt och i linje med våra värderingar.

Att bygga ett positivt självbild är centralt för att skapa ett liv fyllt av positivitet. När vi lär oss att uppskatta oss själva för den vi är, och när vi aktivt arbetar med att stärka vår självkänsla och självförtroende, skapar vi en stark inre grund som gör det lättare att hantera livets utmaningar. Detta innebär också att vara vår egen bästa vän – att stötta oss själva med vänlighet och tålamod, istället för att vara vår egen hårdaste kritiker.

Relationer spelar också en avgörande roll i vår resa mot ett mer positivt liv. När vi lär oss att kommunicera med empati, att skapa djupa och meningsfulla förbindelser och att undvika giftiga relationer, bygger vi en social miljö som stärker oss och ger oss glädje. Relationer är inte alltid perfekta, men de är en plats där vi kan växa, lära oss av varandra och känna oss stöttade i våra framsteg.

En annan viktig del av resan är att lära sig att upprätthålla långvarig positivitet. Detta innebär att skapa en miljö som stödjer vår tillväxt, att sätta tydliga gränser för att skydda vår energi och att undvika känslomässig och mental utmattning. Genom att vara konsekventa i våra val och handlingar kan vi bygga en livsstil som inte bara är hållbar, utan också inspirerande.

Att definiera en vision för ditt liv och sätta mål som är i linje med dina värderingar är också avgörande. När vi vet vad som är viktigt för oss och arbetar mot mål som speglar våra djupaste prioriteringar, känner vi oss mer motiverade och engagerade. Detta innebär också att fira våra framgångar längs vägen – inte bara de stora milstolparna, utan också de små stegen som tar oss närmare vår vision.

Sammanfattningsvis handlar ett mer positivt liv inte om att alltid vara glad eller att undvika svårigheter. Det handlar om att bygga en inre styrka som gör att vi kan möta livets upp- och nedgångar med hopp, mod och motståndskraft. Det handlar om att välja att fokusera på det som ger oss glädje och mening, och att aktivt arbeta med oss själva för att skapa en vardag som känns autentisk och tillfredsställande.

Varje steg på denna resa, hur litet det än kan tyckas, är ett steg i rätt riktning. Och det är inte bara slutmålet som är viktigt – det är själva resan som gör oss starkare, klokare och mer medvetna om allt det fantastiska som livet har att erbjuda. Så fortsätt framåt, ett steg i taget, och kom ihåg att du redan har allt du behöver för att skapa ett liv fyllt av positivitet. Det börjar med dig, här och nu.

2.Inbjudan till kontinuerlig praktik och tillväxt

Resan mot ett mer positivt och balanserat liv tar inte slut när du har läst sista sidan i den här boken. Faktum är att det är här det verkliga arbetet börjar. Förändring är inte något som sker över en natt, och det är inte en destination som du en gång når och sedan stannar vid. Istället är det en livslång process av lärande, övning och växande. Därför vill jag bjuda in dig till att göra dessa principer till en del av din vardag, att se varje dag som en möjlighet att växa och utvecklas, och att omfamna resan med ett öppet sinne och ett öppet hjärta.

Att praktisera kontinuerlig tillväxt handlar om att se livet som en ständig lärandeprocess. Ingen av oss är perfekt, och det är inte heller målet. Istället handlar det om att varje dag sträva efter att vara lite bättre än vi var igår. Det kan vara små förändringar, som att välja en positiv tanke istället för en negativ, eller att ta ett steg närmare ett mål som betyder mycket för oss. Dessa små steg kanske inte alltid känns betydelsefulla i stunden, men över tid bygger de en stark grund för positiv förändring.

En viktig del av kontinuerlig praktik är att vara tålmodig med dig själv. Förändring tar tid, och det är naturligt att möta motgångar längs vägen. Det är lätt att känna sig frustrerad när vi inte ser omedelbara resultat, men det är just i dessa stunder som vi behöver påminna oss själva om att resan är lika viktig som målet. Varje gång vi tar oss igenom en utmaning, lär vi oss något nytt om oss själva och blir starkare för framtiden.

För att göra tillväxt till en del av din vardag är det hjälpsamt att skapa rutiner som stödjer dig. Detta kan vara så enkelt som att avsätta fem minuter varje morgon för att reflektera över vad du är tacksam för, eller att skriva ner ett positivt mål för dagen. Dessa små vanor kan hjälpa dig att börja dagen med rätt inställning och skapa en känsla av syfte och fokus. På samma sätt kan du avsluta dagen med att reflektera över vad som gick bra och vad du har lärt dig. Genom att bygga in dessa stunder av reflektion i din vardag, blir tillväxt en naturlig del av ditt liv.

En annan nyckel till kontinuerlig praktik är att omge dig med människor som inspirerar och stöttar dig. Våra relationer spelar en stor roll i vår utveckling, och när vi omger oss med positiva, uppmuntrande individer blir det lättare att hålla fast vid våra mål. Detta kan innebära att söka upp likasinnade människor i din omgivning, eller att gå med i grupper eller gemenskaper där du kan dela dina erfarenheter och få stöd. När vi känner oss stöttade och förstådda, blir vi mer motiverade att fortsätta vår resa.

På samma sätt är det viktigt att fortsätta lära och utvecklas genom nya erfarenheter och kunskaper. Detta kan vara genom att läsa böcker, lyssna på inspirerande poddar, gå kurser eller prova nya aktiviteter. Varje gång vi lär oss något nytt, öppnar vi dörren till nya möjligheter och perspektiv. Det är genom att ständigt utmana oss själva och utforska nya vägar som vi fortsätter att växa.

En annan aspekt av kontinuerlig praktik är att vara flexibel och anpassningsbar. Livet är dynamiskt, och våra mål och värderingar kan förändras över tid. Det som kändes viktigt för ett år sedan kanske inte är lika relevant idag, och det är helt naturligt. Att vara öppen för förändring och att regelbundet utvärdera vad som betyder mest för oss hjälper oss att hålla oss i linje med våra sanna värderingar och prioriteringar.

Att praktisera kontinuerlig tillväxt innebär också att omfamna osäkerhet och att våga ta risker. Det är genom att lämna vår komfortzon som vi verkligen växer. Detta kan vara skrämmande, men det är också otroligt givande. Varje gång vi vågar utmana oss själva, upptäcker vi nya styrkor och möjligheter som vi kanske inte ens visste att vi hade.

Självmedkänsla är också en viktig del av denna resa. Det är lätt att vara hård mot oss själva när vi gör misstag eller känner att vi inte lever upp till våra egna förväntningar. Men genom att möta oss själva med vänlighet och förståelse, skapar vi en trygg grund att växa från. Att säga till sig själv: "Jag gör mitt bästa, och det är tillräckligt" kan vara en kraftfull påminnelse om att vi inte behöver vara perfekta för att vara på rätt väg.

Slutligen handlar kontinuerlig praktik och tillväxt om att njuta av resan. Det är lätt att bli så fokuserad på våra mål att vi glömmer att uppskatta de små framsteg vi gör varje dag. Men varje steg vi tar, oavsett hur litet det är, är en del av vår framgång. Genom att stanna upp och fira dessa ögonblick, ger vi oss själva energi och motivation att fortsätta.

Denna bok är en inbjudan till dig att börja, eller fortsätta, din resa mot ett mer positivt liv. Det är en påminnelse om att du har makten att skapa den förändring du vill se i ditt liv, och att varje dag är en ny möjlighet att växa. Så fortsätt framåt med mod och hopp, och kom ihåg att varje steg du tar är ett bevis på din styrka och ditt engagemang för att leva ett liv i linje med dina värderingar och drömmar. Resan är din, och den börjar här och nu.

3.Avslutande reflektioner för läsaren

När du når slutet av denna bok vill jag bjuda in dig till en stunds reflektion.

Resan vi har tagit tillsammans genom dessa kapitel är bara början, en grund för dig att bygga vidare på. Kanske känner du dig inspirerad, redo att sätta igång och göra förändringar i ditt liv. Eller kanske känner du dig överväldigad av tanken på allt du vill uppnå. Oavsett hur du känner dig just nu, är det viktigaste att komma ihåg att förändring är en process, en resa som tar tid och som inte behöver ske över en natt.

Livet är inte en linjär väg. Det är en dynamisk dans av framgångar, motgångar och lärdomar. Det är lätt att tro att vi måste ha allt under kontroll, att vi måste ha svaren på alla frågor och lösningarna på alla problem. Men sanningen är att det är i själva sökandet, i de små stegen vi tar varje dag, som vi finner mening och glädje. Det handlar inte om att vara perfekt, utan om att vara mänsklig – att vara nyfiken, öppen och villig att växa.

När du nu funderar på hur du vill använda det du har läst, uppmuntrar jag dig att börja smått. Att göra en enda liten förändring i ditt sätt att tänka eller agera kan leda till en kedjereaktion av positiv utveckling. Det kan vara att ta en stund varje morgon för att reflektera över vad du är tacksam för, att välja att möta en utmaning med ett öppet sinne, eller att ge dig själv tillåtelse att vila när du behöver det. Dessa små handlingar är som frön som, om de vattnas regelbundet, kommer att växa till något större och mer meningsfullt.

En av de viktigaste insikterna jag hoppas att du tar med dig är att du redan har allt du behöver för att skapa ett positivt liv. Alla verktyg, all styrka och allt mod finns redan inom dig. Den här boken är inte en manual för att fixa något som är trasigt, utan en påminnelse om den potential och kraft som redan finns i dig. Det är du som väljer hur du vill använda den kraften, hur du vill forma ditt liv och vilka steg du vill ta härnäst.

Kom också ihåg att du inte är ensam. Även om resan mot ett mer positivt liv är din egen, behöver du inte gå den helt själv. Det finns människor omkring dig – familj, vänner, kollegor, kanske till och med främlingar – som vill stötta dig, inspirera dig och vara en del av din utveckling. Och på samma sätt har du möjlighet att vara den personen för någon annan. När vi delar vår resa och våra lärdomar med varandra, skapar vi en kedjereaktion av positivitet som sträcker sig långt bortom oss själva.

Livet kommer inte alltid att vara enkelt, och det är helt okej. Det är i de svåra stunderna som vi har möjlighet att växa mest. När du möter motgångar, påminn dig själv om att dessa stunder inte definierar dig – det är hur du väljer att hantera dem som gör det. Var snäll mot dig själv när saker inte går som planerat. Ge dig själv tillåtelse att känna det du känner, att vila när du behöver det, och att försöka igen när du är redo.

Positivitet handlar inte om att alltid vara glad eller att ignorera det som är svårt. Det handlar om att välja att se det ljusa även när det är mörkt, att hitta mening i det vardagliga, och att skapa en inre styrka som gör att vi kan möta livets utmaningar med mod och hopp. Det handlar om att leva ett liv som känns autentiskt och meningsfullt, ett liv där vi är i linje med våra värderingar och våra drömmar.

Jag hoppas att du efter att ha läst denna bok känner dig inspirerad att fortsätta din egen resa. Kanske har du redan en tydlig vision för vad du vill uppnå, eller kanske är du fortfarande i början av att upptäcka vad som är viktigt för dig. Oavsett var du befinner dig, vet att varje steg du tar – hur litet det än kan tyckas – är ett steg framåt. Det är dessa steg som tillsammans skapar de stora förändringarna.

Slutligen vill jag uppmuntra dig att fira det faktum att du har tagit dig tid att läsa denna bok, att reflektera över ditt liv och att fundera på hur du kan skapa mer positivitet och mening. Detta är i sig själv en framgång, ett bevis på ditt engagemang för dig själv och ditt välbefinnande. Och det är bara början.

Så ta ett djupt andetag, känn tacksamhet för var du är just nu, och fortsätt framåt med ett öppet hjärta. Din resa är unik, och den är din att forma. Jag är tacksam för att jag har fått vara en del av den genom dessa sidor, och jag önskar dig all styrka, glädje och framgång på vägen. Kom ihåg: du är kapabel, du är värdig, och du har kraften att skapa det liv du drömmer om. Och det börjar här och nu.

Referensresurs

Böcker

1."Tänk rätt – bli framgångsrik" av Napoleon Hill

En klassisk bok om att sätta mål, visualisera framgång och utveckla en positiv inställning. Den här boken har inspirerat miljoner att förändra sina liv.

2."Kraften av positivt tänkande" av Norman Vincent Peale

En av de mest inflytelserika böckerna om positivt tänkande. Peale presenterar praktiska tekniker för att utveckla en optimistisk attityd och övervinna negativa tankemönster.

3."Självmedkänsla: Stärk dig själv med medkänsla" av Kristin Neff

Denna bok hjälper läsaren att förstå vikten av självmedkänsla och hur man kan utveckla en vänligare relation med sig själv.

4."Flow: Den optimala upplevelsens psykologi" av Mihaly Csikszentmihalyi

Utforskar konceptet "flow" och hur du kan uppnå detta mentala tillstånd av fullständig fokus och lycka genom arbete och fritid.

5."The Happiness Advantage" av Shawn Achor

En vetenskapligt baserad bok som förklarar hur en positiv inställning inte bara förbättrar vårt välbefinnande utan också leder till framgång i arbete och livet.

Podcasts

1."Prestationspodden" av Caroline Norbelie

En svensk podcast som fokuserar på mental hälsa, stresshantering och personlig utveckling, med praktiska råd och inspirerande intervjuer.

2."Framgångspodden" av Alexander Pärleros

Sveriges största podcast om framgång, där ledande experter och inspirerande personer delar sina livserfarenheter och lärdomar.

3."The Mindset Mentor" av Rob Dial

En engelskspråkig podcast som fokuserar på personlig utveckling, positivt tänkande och att övervinna mentala hinder.

4."Meditera mera" av Calmery

En svensk podcast som hjälper lyssnare att komma igång med meditation och mindfulness för ökat välbefinnande.

Webbplatser och appar
1.Mind.se

En svensk organisation som erbjuder stöd och resurser för mental hälsa. Webbplatsen innehåller artiklar, verktyg och kontaktinformation för hjälp vid behov.

2.Headspace

En populär app för meditation och mindfulness som kan hjälpa dig att minska stress och skapa en mer positiv inställning.

3.Calm

En annan välkänd app som erbjuder meditation, sömnprogram och tekniker för att hantera stress och ångest.

4.Livsstilsverktyget på 1177 Vårdguiden

En svensk resurs som erbjuder praktiska råd och verktyg för att förbättra din livsstil, inklusive motion, sömn och mental hälsa.

Workshops och kurser

1.Medborgarskolan och Studieförbundet Vuxenskolan

Många av dessa utbildningsorganisationer erbjuder kurser i personlig utveckling, stresshantering och mindfulness runt om i Sverige.

2.Mindfulnesscenter.se

En svensk resurs som erbjuder kurser och workshops i mindfulness, både online och på plats.

3.Plattformar som Coursera och Udemy

Internationella plattformar som erbjuder onlinekurser inom positiv psykologi, personlig utveckling och mental träning.

Inspirerande citat att reflektera över

•"Den största upptäckten av min generation är att människor kan förändra sina liv genom att förändra sitt sätt att tänka." – William James

•"Livet är 10 procent vad som händer dig och 90 procent hur du reagerar på det." – Charles R. Swindoll

Denna lista är skapad för att ge dig både inspiration och praktiska verktyg för att fortsätta din resa mot ett mer positivt liv. Oavsett om du väljer att läsa en bok, lyssna på en podcast eller delta i en workshop, kom ihåg att varje steg du tar är ett steg i rätt riktning. Lycka till!

Självutvärdering och extra övningar

Nu när du har läst klart den här boken, ta en stund för att reflektera över var du står just nu. Utvärdera hur väl du har förstått de idéer och metoder som presenterats i boken, och hur pass redo du känner dig att tillämpa dem i ditt eget liv. Detta är ett viktigt steg för att säkert ta det första steget mot en mer positiv livsresa.

Frågor för självutvärdering

Svara ärligt på följande frågor. Syftet med denna självutvärdering är att ge dig insikt om dina framsteg och utmaningar. Det finns inga rätt eller fel svar, så slappna av och reflektera.

1.Vilken av idéerna eller metoderna i boken påverkade dig mest?

Fundera över varför. Det kan vara något som du känner är särskilt viktigt för dig just nu.

2.Finns det något som du redan har börjat praktisera eller som du vill börja med?

Tänk på de specifika saker du vill prova och hur du kan införliva dem i din vardag.

3.Vilken är den största utmaningen för dig när det gäller att skapa ett mer positivt liv?

Identifiera de första stegen för att ta itu med denna utmaning.

4.Skulle du vilja dela innehållet i boken med andra?

Att dela det du har lärt dig kan hjälpa dig att fördjupa din egen förståelse och göra processen ännu roligare.

Extra övningar: Börja med små steg

Här är några enkla övningar för att hjälpa dig att integrera bokens innehåll i ditt dagliga liv. Dessa är små steg som kan hjälpa dig att uppleva positiva förändringar.

1.För en tacksamhetsdagbok

Skriv ner tre saker du är tacksam för varje kväll innan du går och lägger dig. Det kan vara små saker som: "Jag drack en god kopp kaffe", "Jag hade ett härligt skratt med en vän", eller "Vädret var fint idag". Denna övning hjälper dig att bygga en grund för positivt tänkande.

2.Praktisera visualisering

Ta några minuter på morgonen för att föreställa dig din ideala dag. Tänk på situationer där arbetet eller skolan går bra, relationer fungerar smidigt, och att du själv är glad och nöjd. Att göra detta dagligen kan stärka din förmåga att attrahera positiva resultat.

3.Omformulera negativa tankar

När negativa känslor uppstår, fråga dig själv: "Vad kan jag lära mig av denna situation?" Om du till exempel misslyckas med något, försök att se det som en erfarenhet som hjälper dig att växa, och omvandla negativa känslor till positiv energi.

4.Följ upp dina mål

Följ bokens metod för att sätta upp mål, och dokumentera varje framsteg du gör. Genom att reflektera över dina framsteg kan du känna igen din utveckling och hålla motivationen uppe.

Vad kontinuerlig övning kan ge

Genom att arbeta med dessa självutvärderingar och övningar kan du gradvis integrera positiva förändringar i ditt liv. Det viktiga är att inte sträva efter perfektion, utan att röra dig framåt i din egen takt. Även små framsteg kan, när de staplas på varandra, leda till stora förändringar i ditt liv.

Vi rekommenderar också att du dokumenterar de insikter och framgångar du uppnår genom dessa övningar och regelbundet går igenom dem. Det hjälper dig att se att dina ansträngningar bär frukt och stärker din självförtroende.

Avslutningsvis

Ett positivt liv är inget som byggs på en dag eller ett ögonblick. Det är något som gradvis skapas genom daglig ansträngning. Använd de idéer och metoder du har lärt dig i den här boken på ett sätt som passar ditt liv, och bygg små framgångar som leder till större förändringar.

Vi hoppas att denna självutvärdering och extra övning kan bli en vägledning på din resa mot ett mer positivt liv. Må din resa fyllas med hopp och glädje, och vi önskar dig all framgång i framtiden.

Efterord

Tack för att du valde att läsa denna bok och tog dig igenom den till slutet.

Jag vill uttrycka min djupa tacksamhet för att du har gett denna bok av din tid och uppmärksamhet. Den här boken föddes ur min egen strävan att dela med mig av de tankesätt och metoder som jag själv har lärt mig genom åren, i hopp om att de ska kunna bidra till ett mer positivt liv för många.

När jag skrev denna bok tänkte jag ofta på hur okända läsare som du skulle uppfatta den. Skulle den kunna ge inspiration? Skulle den erbjuda idéer som du skulle vilja prova i ditt liv? Med dessa tankar i åtanke valde jag noggrant varje ord och hoppades att de skulle nå fram till dig. Om denna bok på något sätt har varit till hjälp för dig, om den har blivit en utgångspunkt för positiv förändring i ditt liv, då känner jag att mitt arbete har varit meningsfullt.

Jag vill också rikta mitt innerliga tack till alla som har stöttat mig under arbetet med denna bok. Många människor har uppmuntrat mig och gett mig värdefulla råd, och deras stöd har varit ovärderligt. Deras påverkan genomsyrar varje sida i denna bok.

Framför allt vill jag tacka dig, min läsare. Det är en stor lycka för mig att få möjlighet att nå dig genom denna bok. Att tänka på dig, någonstans där du kanske håller boken i din hand och tar ett nytt steg framåt, fyller mig med hopp.

Livet är fyllt av oväntade händelser och utmaningar. Men även i de svåraste stunderna finns det möjligheter till lärande och utveckling. Jag hoppas att den kunskap och de idéer du har fått från denna bok kan bli ett stöd för dig på din egen väg. Och jag hoppas att den positiva energi du finner här också sprider sig till de människor som betyder mest för dig.

Jag önskar dig all framgång och ett liv fyllt av ljus och glädje. Slutligen, ännu en gång, ett stort tack från djupet av mitt hjärta – tack för att du har läst denna bok.

Om författaren

Jag har en ingenjörsexamen och började min karriär hos en av världens ledande tillverkare av magnetband. Där arbetade jag med utveckling, design och optimering av produktionsutrustning för magnetband. Jag hade ett brett ansvarsområde, från att sätta upp produktionslinjer till att förbättra utrustningen, och jag kände en stolthet över att bidra till innovation inom denna bransch. Men när efterfrågan på magnetband började minska, bestämde jag mig för att söka en ny väg som bättre passade mina passioner och mål.

Det ledde mig till världen av personlig utveckling och entreprenörskap, där jag byggde upp och framgångsrikt drev en egen onlineverksamhet. Under denna resa insåg jag på djupet vilken kraft mindset har för både personlig framgång och framgång som yrkesperson. Genom att kombinera min tekniska kunskap med en passion för utveckling började jag skriva böcker om personlig utveckling och affärsstrategier.

Min mission är att hjälpa människor att frigöra sin potential och skapa ett liv fyllt av mening och tillfredsställelse. Genom den här boken hoppas jag att ge dig som läsare verktyg och insikter som kan hjälpa dig att växa, övervinna utmaningar och uppnå dina drömmar.

Tack för din feedback

Tack för att du har läst denna bok. Jag hoppas att den har kunnat erbjuda dig värdefulla insikter och inspiration på din resa mot personlig och professionell utveckling. Dina åsikter och kommentarer är oerhört värdefulla för mig. De hjälper mig att fortsätta skapa böcker som når fram till och berör fler läsare.

Om du känner att denna bok har varit till hjälp för dig, skulle jag vara mycket tacksam om du ville lämna en recension på den plattform där du köpte boken. Din feedback stöder inte bara mitt författarskap utan hjälper också andra läsare att upptäcka denna bok.

Jag välkomnar också gärna förslag på teman eller ämnen som du skulle vilja att jag tar upp i framtiden. Återigen, jag är tacksam för att ha fått vara en del av din resa genom denna bok och ser fram emot att fortsätta vår kontakt framöver.

Datum för färdigställande av manuskriptet: november 2024

Författare: Lucas Martin

Milton Keynes UK
Ingram Content Group UK Ltd.
UKHW030150051224
452010UK00010B/571

9 798230 159353